山窩奇談（さんかきだん）

〈増補版〉

◉

目次

◉増補——

山窩奇談（さんかきだん）

〈増補版〉

序話

山窩に憑かれて狸穴がよい　国八老人昔語り(1)

山窩ばなしのネタの出どころ

私が朝日新聞の事件記者になって、説教強盗を追っかけていた時に、山窩という一族のあることをはじめて知り、彼らが、人道を通らないで、畑や山の中ばかりを一飛びにとんでゆく生態などに非常な興味をおぼえた。このことは、すでにあちこちの新聞や雑誌に発表したが、それに芽をふいた私の研究的欲望は、その後も衰えることなく、三十数年後の今日までつづいている。

山窩熱にとりつかれた私は、当時警視庁の腕きき刑事であった伊東清蔵さん、大塚大索さん（この人は山窩の父といわれたくらいの山窩通であった。この人との交際は、私の前著「山窩物語」に詳述してある）などの知識のありったけを絞りつくして尚あきたらず、山梨県刑事で、これも山窩通であった島田留吉さん（後述する）や、静岡県の松本房吉巡査（兇悪山窩に四十八ヵ所を刺されながら、これを捕えた猛者である）なども訪ねて、山窩知識の吸収につとめた。

それでも、まだかゆさに手が届かないので、私は朝日新聞記者という肩書きを利用して、近県の警察や各地の古老などを、片っ端しから訪ねて、山窩の話を聞いて廻った。そんなときに、ひょっこり私の前に現われたのが、山窩の大親分連中とアゴで話し合っていた国八（くにはち）老人であった。

大正時代には既に姿を消していたが、明治の終りごろまでは、警視庁の刑事のもとに諜者というものがあった。つまり、刑事の補助になって犯罪捜査をした役職である。いわば江戸時代に十手（じって）をあずかった町同心（おやぶんしゅう）の手先きであった岡っ引（おかっぴき）にあたる者たちである。国八老人は、その諜者をながくつとめて、主として山窩関係の事件を扱った、というより山窩専門の諜者となり、山窩の仲間に入りこんで、彼らと親戚づきあいをして来た老人で、本名を小束国八（おつかくにはち）というところから、「オツカん旦那」といえば、山窩仲間では誰一人知らぬものはない存在であった。私が会った時は、既に引退されていた。

私が、山窩、山窩と憑（つ）かれたように飛びまわっているとき、この人の生存をふと耳にはさんだのである。たしか、大塚刑事の話の端しに、

「まだ生きてる筈だが、山窩のことなら何でも知ってる小束国八という諜者があってねえ……」

というようなことから、私は例によって、

「その小束って、どんな人ですか？　どこにいましょうか？　幾つぐらいの人ですか？」

と性急に質問して、大塚刑事をまごつかせたものであった。

「さて、どこにいるかね……」

「何とか居どころが判りませんかね？　誰に聞けば判りましょうか？……」

と私が、何が何でも突きとめねばおかぬ意気ごみで、国八老人に会ういとぐちを摑もうとした。

そしてそのいとぐちになりそうな幾人かの住所姓名を聞き出して、私は片っぱしから訪ねていった。こうして約十一日かかって探り出した国八老人が、東京麻布の狸穴に隠棲していることを知って、私はさっそく土産ものをたずさえて訪ねていった。それは昭和七年十一月十三日、木の葉散りしく秋の日の夕ぐれであった。

ちょうどソビエットの大使館の裏がわにある路地を曲っていった突きあたりにあるひっそりしたしもたやで、雨風にさらされた粗末な門標には、微かに「小束」の文字が見えた。

私は、まだ見ぬ恋人にでも会うような喜びの期待に胸はずませて、応待に出た十七、八の娘さんに来意をつげた。すると、

「どなたさんで……？」

玄関の次の間で聞いていたらしい七十過ぎの老人が、ひょいと顔をのぞかせて、話の途中に割りこんできた。

「いや、これは、小束さんですか？　私は、朝日新聞の三浦（私の本名）といいますが、実は警視庁の大塚刑事から伺いまして……」

と、改めて来意を説明した。

「そうですか、まあ、あがんなさい」

ということになり、六畳ほどの居間に招じられ、一応の挨拶をして土産ものを差出すと、これはまた、何と有りがたいことか、一目で私が好きになったといって、たいへんな歓迎を受けたのである。

先ほど取りつぎに出た娘は、徳江という国八老の養女で、老人はこの娘と二人でひっそり暮していた。

「おい徳江、酒を出しな」

と、初訪問の私を、まるで十年の知己のようにもてなしてくれた。

「そうですか。いままでに、山窩の話を聞かせろなんて、訪ねて来なすった方はひとりもなかった。来たのは物好きなお前さんだけだよ。せっかくだから、知ってることはみな話すよ」

国八さんは、そういって、チビリチビリと酒を呑みながら何でもかんでも話してくれた。

歯切れのよい東京弁に、山窩語をまじえた話し上手（うま）さで、七十六歳の老人とは思えない。記憶も正確で、スリルと怪奇に包まれたこの人の昔話は、さながら昨日のことのように眼前に展開して、私はもう面白くて面白くて、ノートするのももどかしく、祖父の話をむさぼりせがむ幼童のように、夢中で聞いたものである。

聞けば聞くほど山窩というものは、何と原始的な一群で、自然のままの野性味にあふれ、単調な生活の中に詩情が漂っている。私は、暇をみては一升びんをさげて狸穴通いをつづけ、ふんだんな山窩の知識と、素朴な情感にみちた数々の物語のネタを仕入れることが出来た。私が、本格的に、山窩物語というものを書いてみようと決心したのは、まったくこの国八老人にめぐり会ってからである。

「ねえ、三浦さん。あなた、それほど熱心に山窩の研究をなさるんなら、私（あつし）も、知ってることを何でも話しましょう。それに私も、そう長く生きられそうもありません。私が死にゃア、こうした話も永久に消えてしまうんだし、折角のおたずねですから、奴らのことを思い出すままに、それじゃ、話しましょうや」

といって、さっそくその夜から私のせがむ山窩ばなしを始めてくれた。

以下、国八老人から直接読者諸君にも聞いてもらうことにしよう。（文中私というのは、もちろん国八老人自身のことである）

同囚の男

私と山窩の話となると、どうしたって蛇崩（じゃくずれ）川の殺人事件の犯人を検挙（あげ）たことから、順々に話さないと順序がたたねえんです。

その前に、では、どうして私が山窩（てんぱもの）専門の課者（たんてい）になったか？　ということからお話ししましょう。

私はねえ、三浦さん。わかいときに、ちょっとした過失（あやまち）をおかしまして、東京監獄に一年ほどつとめて来ました。これは何も、他人（ひと）さまのものを盗んだとか、他人をだましたというのではありません。ちょっとしたことから、シャクにさわったことが起きて、ちょいと相手に怪我をさせちゃったんです。そのために当然のつぐないとして、一年つとめることになったのであります。が、この一年間というものは、私にとっては、大きな修養でありました。

こんなことをいうと、曳かれものの小唄になるけれども、前科者というと、人さまからとかく白い眼で見られます。だけど、あれは見る人さまが悪いんじゃなく、見られる自分が悪いんだと思いますよ。つまり、心が弱いがために、ひがみが出る。卑屈になる。そしてなおさら弱い人間になって、人をのろい、世をのろい、そうしてまた過ちを重ねて、二度のつとめをせねばならぬようなことになる――。かような人間に、私はなりたくないと思って、獄内では一心にこころの修養をしました。

そうして今度無事に出獄したならば、何か人さまの役にたつことをしたいもんだと、決心したんです。さて、どうして罪のつぐないをしようかと、そればかり考えていました。

ところが、私の同囚の中に、一人の山窩(てんぱもの)がいました。それは、親分(やぞう)の罪をひっかぶって、身代わりになって服役していた男でありましたが、この男が私に、

「お前さんは、俺(おいら)より先に娑婆(しゃば)に出るんだが、出たら、池上の瀬降(せぶり)にいる俺の女房(きやはん)に、言伝(ことづけ)をしてくれないか？」

と申します。

「どこにいるのか？」と聞きますと、

「池上の本門寺さんの裏にある、こういうところの瀬降にいるお冬という女箕(み)づくりで、二十七になるベッピンだ」と申します。

自分の女房のことを、ベッピンというくらいだから、よほどの美人であろうと思って、私も早く顔をみたいものだと思っているうちに、刑期がきたので、さっそく彼のたのみをはたしてやろうと思って、池上の瀬降にお冬をたずねました。

本門寺さんの、すぐ裏の山の中でしたが、そこには彼らの親分(やぞう)虎吉をはじめ、その他のものの瀬降が七ツほどありました。

お冬は、そこで、仲間のものたちから、手あつく面倒をみられながら、無事にくらしていましたが、みればみるほど、美しい女であります。

こんな美しい、若い女が、こんな山の中のキャンプ小屋で、一人でくらしているとは、いかにも気のどくだと思い、私も、同情して、いろいろなぐさめてやりました。ところが、本人はいたって気丈夫なもので、われわれの想像さえゆるさない、志操(しそう)のかたいと

ころをもっていました。

かの女は、私が亭主のことづけを云いに行ったことを大変によろこんで、さっそく親分虎吉をよんできて、ともどもに礼をのべ、酒を買ってきて、青竹のズン切徳利で、じか燗をして、ごちそうしてくれました。

これが、私と山窩が、知りあいになる、そもそものはじまりでありました。私は、その後も、ちょいちょいお冬をたずねて行っては、なにかとなぐさめてやり、虎吉ともこんいいになりましたが、私もそういつまでも、遊んでいるわけにもゆかないので、獄内で考えたことを実行したいと思って、そのことを、私が服役するときに世話になった警視庁の金子刑事に相談にまいりました。

金子さんは、刑事の中でも、なかなか親分らしいところのある、立派な刑事でありましたが、私の素性も、罪状もよく知っていたので、

「それはよく来てくれた。自分の手がけたものが、こうして、出獄のあいさつに来てくれるほどうれしいことはない。それに、お前さんは、こんどは、たいへん神妙に修養したということであるが、その修養を、正業について実行で生かしたいという、それはまことに立派な心掛けだ。俺は、こんなうれしいことはない。

そこで、どうだ？　俺の諜者になってみないか。諜者ともなれば、お上からお手当ても出るし、お縄も拝借できる。お縄を拝借したら、いやでも、わるいことをするわけにはゆかない。人をしばると同時に、つねに自分の心をしばることになるのでなあ」

こう云って、諜者になることをすすめられました。なんという有りがたいことかわからない。昨日まで、いましめられていたものが、今日からは、わるい心を実行にうつした人間をしばる役目だ。

　こんな、うれしいことって、二つとあるものでない。私は、涙をながして、金子さんに感謝いたしました。金子さんのおっしゃるには、

「お前は、ちかごろ、池上方面の瀬降に出入りしているそうだが、ちょうど幸いだ。ひとつ、山窩のことを研究しておいてくれないか。テンバモノというものは、今でこそ、非人乞食のように、世間の人々は思っているが、あれは昔の間者の子孫だ。国見のものとか、徒士衆とか、物見（間諜）のものなどといって、諜報に従事したものは、すべてテンバモノから出ている。

　忍者なんていうのは、すべてそうだ。あいつらは足が早くて、身が軽い。おまけに、粗衣粗食で、健康で、情義に固くて、規律を守り信義のあつい一群のものたちだ。

　だから、彼らの秘密をさぐることは、なかなか骨がおれる。彼らの先祖で、間者であったものたちは、あの国のお城は、どこから攻めたら楽におちるかとか、あの塀の中にはいるには、どんな術を用いたらよいかとか、いろいろと研究して、塀の下などを、気づかれないうちに、こっそり掘って、つるりと内側にもぐりこんだりする方法など大いに研究してのこしている。

　それから、殿中に忍びこむには、お錠口をどういう風に切りとって、中にまぎれこむ

かなどという、戸切りの方法もよく研究しつくしているということだ。そういうことを、ずうっと調べておくと、犯罪捜査の上でも今後どれだけ役に立つかわからない。だから国八、お前ぜひこの研究をやってくれないか。彼らの仲間の風習などもじゅう分知っておく必要があるんだ」

金子刑事から、こんな風にいわれまして、私は山窩の研究をはじめました。それからずうっと、三年間、私は毎日のように瀬降に出かけて、彼らと仲よくなっていきました。

こうして、国八老人と山窩との交渉のいきさつから、次に述べるような話の数々を、老人は私が訪ねるたびに喜んで話してくれるのであった。

第二話

蛇崩川（じゃくずれがわ）の蛸（たこ）入道

国八老人昔語り(2)

「さて、この前はどこまで話しましたかね？　そうそう、私が金子の旦那にすすめられて、山窩（てんぱもの）の研究をはじめた……ってとこまでお話しましたね。今日は、それでは私が最初にぶっつかった蛇崩川の殺人事件について、お話しましょうかね……」

こう前置きして国八老人は、話してくれた。

裁縫女塾の八人殺し

残暑のきびしい、初秋のある朝のことでありました。私が、久しぶりに、警視庁に出ていって金子旦那の部屋にまいりますと、当時は鍛冶橋のところにあった警視庁ですが、あの奥まった刑事部屋に、大きなお尻をまくって、どっかりあぐらをかいていた金子の旦那が、いきなり、

「国八、いいところへ来てくれた。実は、大事件がおきているのだ」

と申します。

「どんな事件で？」

とききますと、昨夜、目黒の蛇崩川で、八人ごろしがあったというではありませんか。今の代官山のところの、目黒川の川ぶちです。あそこの川ぶちに、川岸を利用して建っている池田という裁縫女塾がありました。

そこに強盗がおし入って、さわがれたために、後難をおそれて、塾頭夫妻と、塾生六人を殺したという大事件でありました。

私はさっそく、現場にいそぎましたが、行ってみると、想像にあまる兇行でありまして、なかなか鋭利な刃物をつかっています。

しかし、犯人が何者か？　さっぱりわかりません。金子刑事は、すっかり首をかしげて、

「これがわからないようでは、まことに申しわけがない。ながい間、刑事係として探偵の職にありながら、これを解決出来ないようでは、わしは、ほんとに相すまんと思うのだ」

と、どっかりと死体の中に坐りました。こういうところが、昔の刑事さんのえらいところでした。自分が、ぼんやりしていたから、こんな大事件がおきたのだ——といったような責任の感じかたに、私は、つくづく感心しました。

かけ出し課者の私には、まだ探偵眼がそなわっていませんが、私で出来ることなら、どんなことでもするから、何でも云いつけてくれないかなアと思っていますと、

「国八！」

と金子さんが申します。

「この事件は実にむつかしい。それに、今度は、俺と玉木刑事の張り合いなんだ。それは同じ犯人を、同じ警視庁でさがすのだから、どちらがみつけてもいいんだけど、俺としてはどうしても、玉木刑事にまけたくない。玉木刑事は私の先輩でもあり、その道の達人だから、今度もまた、奇想天外な方面から、きっと犯人をたぐり出すだろうと思う。そうなると、この金子は、まだ若いということになるんだが、それは俺としてはくやしい。どうしても、俺は、ここで、お前に決心を約束しておこうと思うから、どうか聞いてくれ」

金子刑事はそういって、指をさして、そこに坐れと申します。私が前に坐ると、

「いいか、この犯人が、俺の手であがらなかったら、俺はきっぱりとお上の御用を辞退させてもらう。お前も、俺と同じ心もちになってくれるだろうな」

私は感激しました。

「わかりました、よくわかりました。でも、私には、この犯人をさがすのに、どういうところから手をつけていいのかわかりませんから、あなたから、何でも云いつけて下さい。私で出来ることなら、何でもいたします」

と申しました。

「よく云ってくれた。ではいうが、お前は、今日から山窩になってくれ」

私の顔をギロリとにらみました。目玉からすごい光りが出ていました。私も即座に、

「なります」

と申しました。それから、しずかに、

「犯人は山窩でしょうか？」

とたずねました。

「まず、十中、九分九厘まで、俺の見込みにくるいはないと思う。駐在巡査から報告を聞いた時から、ピインと感じているものがある。それは、こうして現場を見ても狂わない」

「さようですか」

「ながい間、刑事をしている俺の見込みに、くるいがあったことはまず少い。しかし、今度は一厘だけ疑問がのこっている。この一厘は、ひょっとすると外れるかも知れない。しかし、それはその時のことだ」

「しかし旦那、彼らが、こんなへマをやるでしょうか？」

私がたずねました。

「やるとすれば、もっと手ぎわよくやるというんだろ？」

「そうです。人を殺めるくらい、損なことはないと云ってる彼らですから、私は、もし

彼らであるとすれば、殺めたりしないで、うまく逃げたかと思うんですが」

「そうすると、お前は普通人（とうしろ）が犯人（ほし）だと云うんだろ？」

「そうです」

「まあ、いいから、この場合は、お前はだまって、自分の意見を用いずに、俺の心を心として、山窩になって、彼らの動静をさぐってみないか」

私はそういわれて、そのままを、すなおにうけ容れて、山窩になる決心をいたしました。

宵月（よいづき）のてる瀬降（せぶり）に

私が、池上の虎吉の瀬降に、ぶらりと現われたのは、その日の夕方でありました。

「旦那じゃねえか」

虎吉は、瀬降の前で、こぼれるような宵月をあびながら、箕（み）の修繕（つくろい）をしていました。

「折りいって、頼みがあって、こんなに遅くなってから、突然やって来た」

そう言って、私は用意していった一升徳利と塩鮭一本を、虎吉の前に出しました。山窩同士が大切な話をするときは、かならず酒一升と塩鮭はつきものです。

「塩鮭（くし）に一升徳利（げんぞう）をもって来るたア、いったい何ですけ？」

虎吉は、まんまるいヒゲヅラを、ぬうッと向けました。

「実は、今日から俺を、一味（なかま）に加えてもらいてえんだ」

私が、真剣な顔で申しました。すると虎吉が、急に、

「あはははア」

と、大きな口をあけて笑うではありませんか。

「ほんとだよ」

と申しますと、

「わかってる、わかってる。蛇崩川の犯人(ほし)を見つけてえばっかりに、瀬降の仲間になりてえというんでしょう。だけど、あの犯人は、おいらの仲間じゃねえんだよ」

吐きだすように、申します。

「どうして、それを知ってるんだ?」

「まあ、おいらの話をききなせえ。山窩というものは、あれほど念の入ったヘマは、頼まれたってやらねえんだよ。旦那とは、近年のおつき合いですけど、ながい交際(つきあい)以上に、世話になっているので、お礼心をこめて、遠慮なく云わせてもらうけんど、こいつァ、金子刑事(だんな)の、えらい狙(まと)い外(はず)れというもんだ」

私は（これは、容易ならん人物だぞ、今朝の出来ごとを、もう知ってる）と思うと、うっかりしたことは云えません。

だまって、考えこんでいると、虎吉が、

「どうです? 図星でござんしょう」

という。

「図星にはまちがいない。しかし、どうして、そんなに図星を知っているのだ?」

と聞いて、私はまた驚いた。

「四時間ほど前に、玉木の旦那が見えましてねえ、国八はまだ来ねえかと云うんだよ。何用で? と云ったら、これこれしかじかの事件がおきた。それで、お前に心当りがありはしないかと思って、たずねて来たんだと云いなさる。だけど、おいらの仲間のことなら、国八さんという、おいらの近づきがいるんだもの、いくら玉木の旦那が、警視庁の刑事であろうと、うっかり話すわけにゃいかねえと思ったから、手ぶらで帰ってもらいやした」

と申します。

「どうりで、何もかも知ってると思った。そうとわかったら、もう何もかもつつまず話さにゃならないが、まあ、虎親分聞いてくれ。あの、玉木刑事は、俺の親分の金子刑事の向こうを張っている刑事だ。そっちに犯人をとられたら、山窩を知ってるから諜者をおおせつかっている、この俺の顔が、いっぺんにつぶれてしまうんだ」

私は正直に云いました。虎吉はうなずいて、

「でも、犯人は常人だよ」

と申します。

「そのわけを聞かせてくれ」

「それア、いわれねえ。しかし、それを云わねえかわりに、おいらの云うことを、何で

も聞いて下っせえ。そうすりゃ、しぜんにそのわけのわかるようにしてあげます」

　虎吉は、まばたきもせず、私の顔を見つめながら申します。

「よし、それじゃたのむ、何でも云ってくれ」

「そうけ、それじゃ、さっそくだが、仲間の娘(つる)と結婚(ちゃづき)をして下っせえ」

もう、ぬきさしは出来ません。しかも、相手は、私が、まだ独身だということを知っている。しかし、私は避けられるものならと思って、

「でも、おれは、女房をもつことの出来ない不具者(かたわもん)なんだ」

　といいました。それでも、虎吉は、

「なあに、山窩(きゃはん)の娘を女房にしたら、けろりと治るよ」

　と、こともなげに申します。そういう虎吉の顔には、宵月がてりかかって、野性的な底光りを発していました。

　私は、もう避けることは出来ない（よし、結婚してやろう。そして彼らを導いてゆけたら、国のためになる）と決心しました。

　すると虎吉が、

「おいらの掟(はたむら)をよく知っていなさるお前様(でえさま)だ。俺の部内(なかま)に素人衆(とうしろう)がはいるについては、どうしてもこれだけは覚悟してもらうんだ」

　と念をおすのであります。

「わかった。しかし、どんな娘だろ？　相手は？」

と聞くと、

「とても、肌の美い娘ですよ。だけど盲目だ」

「め、めくら？」

私が驚くと、

「ああ盲目だよ。名前はお花と云って、とって十八の、正無垢、処女の娘だ」

どうです？といった調子でした。私は、いよいよ覚悟をふかめねばなりませんでした。（犯人を捕えるということは、天下の治安のためである。おのれ一個の都合など問題ではない。よし、よし、盲目でもよい）

そう決心すると、不思議なもので、そのお花に急に会いたくなりました。私は、

「じゃア、さっそく結婚をさせてもらいたい」

と申しましたところが、今度は、虎吉が驚いた。虎吉は、一心に、私の顔を見つめて、ものを云いません。

すみきった月は、本門寺の森のやや西にかたむいていました。

と、虎吉は、とんきょうな声で、

「あはははは……」

と笑って、

「今云ったことは、みんな冗談だよ、はははは、ははははア」

と、大空に向かって笑うではありませんか。

私は、張りつめた気持が、急にゆるんで、

(何だ、バカバカしい)

と、少しはらだち気味ではありました。

「俺アねえ、旦那、旦那が、どれくらいな真剣さで来ているかをためしたんだよ。みごとな決心だとわかったから、テンバモノにならんでも、俺アがひと骨おりますよ。あさっての朝方、なるたけ早く来てくれませんか」

そう云って、虎吉は、私の手を握りました。

いよいよ山窩になって

私は三時ごろに起きて、麻布の狸穴(まみあな)のわが家を出ました。かれらの瀬降についたとき、ようやく夜があけました。瀬降はしっとりと、夜露にぬれていました。

「まだ、眠(せぶ)っているかね？」

瀬降の外から声をかけると、

「なあに、とっくに朝飯を食って、昼寝の最中だ。着物をかえて下っせえ。そんな、着物じゃ、テンバモノに見えねえ」

壁から自分の腰丈の、縞もめんの筒袖(つつそで)と、紺の股引(びら)を出してくれました。それを着てみると、私も、箕づくりそっくりの人相であります。

「おいらに、ついて来なっせえ」

虎吉は先に立って、さっさと歩きます。私は後から、のこのこと、ついてゆきました。

池上の本門寺裏から、道を北にとって、あぜ道ばかり歩いてゆく。

ゆくさきざきの野道には、われもこうや、白ふようが、しっとりと夜露にぬれたままでまことに気持がよい。

彼は、何の感興もないような顔で、すいすい微風をさそいながらゆくのである。

まもなく、遠くの森の中や、高い丘の上に白壁が点々と見えて来ました。その手前の方には川が流れていました。川は広くて、水が清冽（きれい）であります。

森の模様や、白壁の様子で、それに川のかっこうなどからおして、どうも多摩川べり、のように思いました。

「この川は、多摩川だろう？」

私がいうと、

「そうよ、多摩川べりの久地（くじ）だよ。お花は、この先の梅林に瀬降（せぶ）っているんだ。近づきになるのも一興でしょうげ」

虎吉は、意味ありげに云って笑いました。

「こんなところに、いるのかね？」

と、私は、とぼけたようなことを云いました。ゆくほどに、痩（や）せた老人を思わせる、梅の古木が、つづいていました。

しぶみのある鉄色の幹が、ずうッと並び走っている梅林の中をくぐりぬけてゆくうちに、南むきに傾斜したただらだら坂の芝生に出ました。芝生のはずれのすぐ下には、ゆたかな用水の流れがありました。

「見えますけ？　瀬降が」

虎吉の指さす、すぐ下を見ると、流れにそったしぜんの地形を、じょうずに利用した、一張（は）りの瀬降がありました。

「あれが花子の瀬降かね？」

私がたずねると、

「じょうだんじゃねえ、あんたのよ。昨日のうちに、ちゃんと用意したんだよ」

と申します。

「すると、おれは、ここで瀬降るのかね？」

私は、ちょっと見当がつかなくなった。

「瀬降らんでどうします。この向こうの間道（ながれ）は、昔から鎌倉街道の要所（かなめ）とされているぬけ道だ。今でも、悪事をやったものが、ちょいちょいここをぬけてゆく。だから、この瀬降にいて見張っていると、きっと、蛇崩川（じゃくずれ）の犯人めが、ここを通ります。たいくつしたら、歌をうたいなせえ。そうすりゃ、お花が出てくるから」

虎吉は、そういったかと思うと、私が瀬降に見とれているすきに、ぷいとどこかへ行ってしまいました。

瀬降には、一通りの鍋や茶碗や、米から味噌までそろえてありました。実にゆきとどいた世話に、私はまぶたがぬれました。

しかし、瀬降というものは、まことに単調なものであります。

私は、その晩から、さっそく、たいくつをはじめました。

月か星よりほかに、語る相手はない。

（こんなところにいて、こんな雲をつかむようなことをしていて、いいのだろうか？）

そう思うと、何だか、気がもめてなりません。それでなくても、お花のことが気になっていたのに、だんだん夜がふけてくるにつれて、それが思いだされていけない。

（そうだ、犯人も大切だが、お花には、何かなぞがあるにちがいない）

と思ったので、急にお花をさがすことにして外に出ました。

しかし、お花の瀬降はみつからない。

夜だから、わからなかったのだと思ったので、その翌朝も、昨夜の残りめしをさばさばとかきこんで、また花子さがしに出ました。

梨盗人

首をかしげながら、あちこちと歩いているうちに、いつの間にか、梅林つづきの梨畑に出ました。

新聞紙で頬かぶりをした梨が畑一ぱいに、新鮮な味覚をそそっていました。これは妙に魅力のあるもので、李下（りか）の冠（かんむり）、瓜田（かでん）の靴という言葉があるように、誰もみていなけれ

ばーつ……と思うしろものでございます。私も、

「うまそうだな」

と思って、あぜにたって、のどからきみずを出していました。

そうすると、突然、それこそほんとに突然、

「こらッ」

と大きな声で、どなられたかと思うと、すぐ下手のあぜのかげから、強そうな男が数名手に手に棒や鎌などをさげて、走って来ました。

びっくりしましたねえ。どきんと飛びあがって、まだ、心臓がおさまらないところへ、

「この梨泥棒め、もう逃がさんぞ、盗んだ庖丁はどこにやった?」

と、私をぐるッととりかこみました。

(ははあ、さては、夜な夜な、梨泥が出るのだな)

私にはすぐ、それが読めました。

「毎晩毎晩、梨を盗みゃがって、こん畜生」

私の頭を、こつんとなぐった者がありました。

「ちょっとお待ちなさい。わしは泥棒ではない。私は、泥棒をさがしている者だ。いうところを聞けば、どうやら梨泥棒が出るらしいが、おちついて話を聞かせなさい」

落ちつきはらって、聞きますと、

「何? どうやら梨泥棒が出るらしい?」

「おちついて話せだと？」

「そらっとぼけやがると、ぶんなぐるぞ」

と、また棒をふりあげる。

私は、それではと、すっかり身分をあかしました。若ものたちは、ようやくわかってくれて、

「てっきり泥棒と思いました。どうも失礼しました」

といって、それから梨を盗まれる始末を語ります。それによると、ここしばらくの間毎晩のように盗まれる。しかし、図々しい奴とみえて、見張小屋においてあった梨切庖丁まで盗んで行ったと申します。

「それは、すばらしくよく切れる、上等の庖丁です。梨買いがきた時に、味をみせるために、わざわざ打たせた上物で、小屋の屋根裏にさしておいたのを盗まれた」

と申します。

「いつのことだ？」

と聞きますと、

「十八日の昼ごろです」

ここまで聞いて私は（さては、蛇崩川の犯人はそやつだ！）と思いました。というのは兇行は十八日の晩だから。しかも、地理的に考えても、あてはまる、歩いても二時間ぐらいな距離である。

(金子刑事は、あの兇器は山窩の山刃だというけれど、私は、その庖丁だと思う)

ぴんと、六感にきたのでありました。

「新しいやつで、長いですよ。人の首ぐらい切れますよ。厚味も出刃ぐらいありますから刺身庖丁より切れ味がいいんだよ」

若いものたちがつけ加えた言葉です。

訪い来るものは月ばかり

探偵にとっては、聞きこみほど大切なものはありません。私は、この意外な聞きこみにすっかりお花のことも打ち忘れ、いそいで、金子刑事に報告に帰りました。金子刑事は、

「それはすばらしく勘がよい。きっと捕まる。もう一息だ、辛棒してくれ。捕まるまでは、報告にもどらんでもいいから」

と、さっそく、その足で追いかえされてしまいました。

やがて、数日が経過いたしました。

もう秋も次第に深くなり、こおろぎやすずむしのなく音も、いとあわれで、ものさびしい瀬降に訪ずれるものは、相も変らぬ月ばかり。

私の気分は、ひじょうにすさんでいました。誰だって、強烈な大自然の中に、ただ一人で没入していると、気がすさんでまいります。つまり野性的になります。夜など寝よ

うとしても寝られないときが、しばしばありました。そうした気持を、しずかになぐさめてくれるものは、瀬降にもれこむ美しい月ですが、これとて、自然に感興がうすらいで来て、かえって気をいらいらさせるに役立つだけでした。私はごろりと寝ていたが、下からもりあがってくる、あの大地の息吹きにたきつけられて寝ていられない。

「こんなことでは、修養が出来たとはいえないぞ。よし」

と叫んで、とび起きました。そして、夜の梅林にかけ上ってゆきました。

「こんな時は、詩を吟じて、心をしずめるにかぎる」

と思って、梅の木にもたれて、目をつむって詩を吟じました。

吟じおわって、そっと目をあけてみると、一人の女性が、私の前に立っている。しかも私の詩吟を聞いていたらしい。私は直感で、(花子だ!)と、思いました。

それまで忘れていたが、虎吉が、お花に会いたくなったら歌をうたえといったことを、はじめて思い出したのであります。見ると、女は二歳ぐらいの男の子を背負っていました。蒼白い月光にてらされた姿は、何だか心よいものではありませんでした。

「誰だ?」

と、声をかけると、女は答えずに、にやりと笑って、なおも前に寄ってきました。月のしずくにぬれたように、顔がつめたく光っています。

「誰じゃというのに?」

私は、花子だとわかっていながら、浮き足になってたずねました。と、女が、はじめ

て、

「お花じゃげ」

　と云いました。私は、その言葉を聞いて、

（これはすばらしい）と思いました。

「瀬降の花子というのは、お前さんか？」

　というと、

「そうじゃげ、今の歌、何歌け？」

　と申します。

　しかも、そういう顔の両眼は、あわれにもつぶれています。

　しかし、白い梅が咲いていたなら、その花の芯（しん）からぬけ出て来たのかも知れないと思うほど、白い品のよい顔でありました。

「聞いていたのか？」

「さっきから」

　ほれぼれとした表情で申します。

　髪は、山窩の男につくってもらった青竹の笄（こうがい）に黒い毛をぐるぐると巻きつけていました。それがまた、むぞうさなだけに、野趣があって、ことさらな味をそえているのです。

　着物は盲（めくら）じまの筒袖。それに赤い細帯をしめて、黄色い帯で子供を背負っていました。その背負い帯が胸にくいこんで、双乳をぷくりとふくらましているのが、まだ眼の底にのこっています。私は（この子供は、いったいどうした子供だろう？　虎吉はまだ手つかずの処女だと云ったが、そうすると、この子は誰の子だろう？）と首をかしげました。

私は、そんなことはあとまわしにして、

「お前さんは、俺を誰だか知っているかい」

とたずねました。

「虎親分から聞いています。すぐ来るのかと思っていたが、ちっとも来ないから、もうここにはいないのかと思いました」

「瀬降がわからないもんだから、ゆかれないんだ。行ってもいいかい」

と云いますと、

「おいらの瀬降に来ると、いいことがありますげ」

と云って、笑います。そこで私は、

「その子はお前の子かい？」

とたずねました。かの女は、

「育てているだけじゃげ」

といって、また笑いました。

私が笑わないで、首をかしげていると、

「おいらは、目が不自由だから、こんな子供を育てているんだよ。この子供は、目の不自由なおいらのために、隣の上州から来ている広吉という親分さんが、後の杖にしろと云って、くれたんだよ」

と申します。なるほど、山窩らしい思いやりのある話に、私は（なるほどな）とうなずきました。

「じゃ、一生独身で暮すのか？」

とたずねると、

「そうよ」

と云って、

「今の歌の意味をおしえてくれないけ」

と申します。私は感心して、わけを話して聞かせますと、お花はさっさと行ってしまいました。

私は（どこに瀬降っているのか知ら？）と、忍び足であとをつけました。

梅林の細い道を西にゆくと、だんだら坂の斜面のところで、火の消えたように見えなくなりました。

（たしかに、この辺だったがなア）

と、匂いをかぐようにさがしていると、

「小父さん」

と、子供の鬼ごっこみたいに、私の後から花子が現われました。ふり返ると、花子は子供をおろして一人でした。

「子供は？」

「瀬降に眠らせて来たげ」

と申します。

「どこだ、瀬降は？」

と云いますと、花子は、すぐ藪の下を指さしておしえました。のぞいてみると、一ぱいにしげった藪の下に、傘ほどの頭を見せた小さな瀬降がありました。しかも、私の瀬降と一町（約百メートル）とはなれていません。

（なるほど、これでは見つからない。うまいところに瀬降るものだ）

と私は、その先天的なたたずまいにおどろきました。

「おいらの瀬降に来ると、ほんとにいいことがあるんだげ」

と申します。それはどんな意味だろう？

「眠いから明日来るよ」

と、私は振り切るようにして、自分の瀬降に戻りました。

しかし、花子の言葉が気にかかって、私は寝られませんでした。


いい事とは何だろ？


夜のあけるのを待ちかねて、私は池上の虎吉をたずねました。

「いいことって何だろう？」

「そいつは、俺にもわからねえ。だから、来いといったら行きなせえ。考えているのがいけねえよ」

虎吉が、にやにや笑いながら申します。

「じゃア、行ってもいいんだなあ」

私は、念には念を入れて聞きました。

「いいとも」

そういった虎吉は、ふと思い出したのか、

「そうだ、そうだ。すっかり忘れていたが、玉木の旦那が、昨日来ましたよ」

と申します。私は、

「えッ？」

と、顔色をかえました。私の親分である金子刑事と、腕を張り合っている玉木刑事だ。

「まさか、つかまったんじゃあるまいねえ？　何用で来たのだ？」

と私はたずねました。

「国八の行方がわからない。どうも、金子の言いつけで、こっちの方に来てるにちがいねえと思うんだが、見かけないか？　といいましてなあ」

「それで、どう云った？」

「知らないと云いました。もう、そろそろ刑事方(だんな)が、いらいらするくらいな日数がたちますから、気をつけたがいいですよ」

と申します。私が考えこむと虎吉は、自分の腹をたたいて、

「心配しねえで、まあ、花子のそばに行っていなせえよ」

と云って、また、にやにやと笑います。

私も、これには、たしかになぞがあると思ったので、（それじゃあ）という顔でたちました。

途中の餅菓子屋で、大福餅をたくさん買った私は、いよいよ花子の瀬降に乗りこむ決心をしたのであります。

お昼ちょっと前でありました。腹のすいている花子に、お餅をうんと御馳走しようと思って、私は久地（くじ）の梅林を横ぎりました。

今、梅林をぬけきって、花子の瀬降に七、八間（約十五メートル）というところで、私は、立ちどまって、小便をしました。小便をしながら向こうを見ていると、すぐ向こうがこのあいだ梨泥棒とまちがえられて、ぶんなぐられた梨畑でありました。

見るともなく見ていると、左手向こうの番小屋を、こっちの梨畑の蔭から、そっとのぞいている一人の男がありました。

馬鹿入道

「あいつ、あやしいぞ」

と思って、じいっとみていると、その男は、あたりに気をくばりながら、いそいで梨

をちぎりはじめました。

「あの野郎が本ものの梨泥だな」

私は（庖丁を盗んだやつにちがいない）と思ったので、斥候（せっこう）みたいに、草の中をはいながら、ずんずんそばに近よってゆきました。

そばまでよって、そっとのぞいてみると、世にも恐ろしい、六尺以上の怪入道であります。

（この野郎、梨棚をつきぬけていやがる）

と思うと、ちょっとそばへよれません。

私は、それでも、そっと十手を握りました。

大入道は、梨をちぎっては、ふところにねじこんでいる。もはや、十手の手前、にげるわけにはゆきません。私は自らをはげましながら、

「こらッ」

とおどりかかりました。瞬間、私の体が、ぶうんと宙にとんだからたまりません。どしんと尻餅をついて、（失敗った）と立ちなおったときは、もうおそかった。梨泥は、あぜ道にとびあがって、山に向かって、駝鳥のようにふところをふくらましたまま飛んでゆく。

「よし、逃げるからには、泥棒だ。うぬ、逃がしはしないぞ」

と手早く早縄を片手に、追っかけてまいりました。

「うぬッ、待て」

私は、走ることにかけては、イタチの異名をもっていました。私と泥棒との距離が、だんだん近よって来ました。

「ええいッ」

銀色の十手が、稲妻のように風をきって飛びました。練習に練習をかさねた投げ十手、十手には縄を結びつけてありました。

十手は、みごとに大入道の股の間に、ぱっとはいりました。

瞬間、雲をつく大入道が、右の向こうずねでいやというほど十手をけったから、十手がくるりと毛ずねにまきつきました。

すかさず縄をたぐると、大きな奴が、どすんと地ひびきを立てて、大の字なりにはいました。盗んだ梨が、顔の向こうにころころところげたのも面白い。

「ざまア、みやがれ」

手もとに飛びこんでゆきまして、

「この野郎、御用だ」

と馬乗りになって、捕縄をくるくるのどにまきつけたまでは、さすが、上出来でありました。ところが、大入道の奴め、

「この小僧め」

といって、笑っている。私が縄をしめると、

「いいのか？ それで。まるで子供(がき)が、お父っちゃんにおんぶしたみたいじゃねえか」

と云って、背中をひくひくと持ちあげて、私の体を楽々とゆすぶるのであります。私の体は、ひょいひょいととびあがる。これではならぬと、十手をとりなおし、頭をめがけて、二つ三つなぐりつけると、

「なあんだ、それだけしか力は出ねえのか」

と云いながら、起きようともいたしません。

「何をッ」

と、またもなぐりつけると、

「やい、俺をただの泥棒と思うのか？ 百人力の俺さまを、蚊のような野郎が、しばろうなんて正気かい」

云ったかと思うと、ぐいと立ちあがりました。私は、その首につかまって、奴の背中にぶらりとぶらさがった。

「この野郎、手をはなさねえと、たたきおとしてふみひしゃぐぞ」

熊手のような手を、肩の上からのばして、私の頭をぐしゃりと摑んだ。私は、ぼさりと草の中におとされた。入道は、くるりと向きなおって、化けものみたいな足をもちあげて、（縄をはなせ、はなさぬと、ふみひしゃぐぞ）と申します。それでも私は、逃げながら縄をはなしません。そして、もりを射った漁師(りょうし)が鯨(くじら)のつかれを待つときのように、逃げながらのどをぐいぐいとしめました。

「のどがいてえというのが、わからねえんだな。よし」

入道は、ふところから梨をとっては、私に投げつける。ねらいは美事で、かんかんと、私のみけんに命中する。パチンと真ッ二つに割れたのもある。それでも、はなさないでいますと、みけんは、見る見るふくれあがった。

「うぬ、はなせというのに、はなさねえな」

と云ったかと思うと、死にものぐるいで、とんできた。あっ、というまに、私のえり首をつかんで、

「こうしてくれる」

と、宙につるしあげ、二、三度ぐるぐるとふり廻して、

「くたばれ」

と叫んで、空中めがけて投げとばした。くるくるッと目まいがしたかと思うと三、四間（六、七メートル）も飛ばされて、みのった稲の中に、私は頸（くび）の方からつきささった。

「ざまァ、見やがれ」

という捨てぜりふも、泥に顔がささったので、よく聞こえませんでした。

私は、やっとのことで、めりこんだ首をひきぬいてみると、もう泥棒の姿は見えませんでした。

いまいましさをこらえて、用水の流れで顔を洗っていると、みょうにへそのまわりがひきつってくる。

（はてな？　やられたかな）

と、ふところをあけてみると、大福もちです。すっかり腹がやぶけて、へそのあたりにくっついている。

「ちくしょう。これじゃあ、お花にだって、食わされやしねえ」

と、ぶつぶつくやしがっていると、すぐ上手（かみて）の草の中から、

「おじさん、どじょうの瀬降が見えたけ？」

と、花子が笑いながら申します。

口惜しいでしょう

「見ていたのか」

と云いますと、ただ、

「えらい目にあいましたねえ」

と申します。

「見ていたのか」

と、もう一度きくと、

「見てはいないけど、聞いたんだよ」

と申します。

「誰に？」

「おじさんをとって投げた男から」

「えッ、そ、それじゃあ、今の野郎を、お前さんは知ってるのか？」

「知ってるよ、おいらの瀬降に、いつも来るんだもの」

「そ、それは大変だ。野郎は仲間か？」

「ちがうよ、常人（とうしろ）だよ。おじさんが、おいらの瀬降に来ないから、いけないんだよ」

「今もいるか？」

　とは云ったが、花子の前で、またやられてはかなわぬと、びくびくしながら聞きました。

「いないよ。（野郎は諜（ちょう）の字だから、何も云っちゃいけない。二、三日したらまた来るよ）、と云って、向こうに逃げていったよ」

「そうか、それで野郎は、どこの野郎だ？」

「八王子とか云ったよ」

「何という名かね」

「有原竹蔵と云ってるが、ほんとだか、嘘（ほけなす）だかわからないよ。まあ、瀬降においでよ。お茶でものんで、気をおちつけたがいいですげ」

　小娘にいたわられたりして、残念でなりません。

「じゃあ、そうするよ」

　私は、花子のあとから歩きました。歩きながら、（いいことがあるから、お出でよ）

と云った花子の言葉が、はじめてわかりました。

「もっと早く、花ちゃんをたずねりゃよかったんだね？」

といいますと、

「歌をうたえばよかったんだよ、虎親分が、そういってあったのにさ」

といわれ（そうだそうだ）とうなずいていると、花子は腰にはさんでいた手拭をぬいて、

「小父さん、この手拭に、何か用はないのけ？」

といいます。私は「何だい？」といそいで手にとって、ひろげてみますと、思わず、

「あっ、これは、蛇崩川の裁縫女塾の手拭だ」

と叫びました。そこには、目黒裁縫女塾、池田と染めぬいてあり、血こんがついています。

「これは、殺された被害者が、進物用につくったものだ。これをもっている奴こそ、真犯人にちがいない！」

私がいうと、花子がさらに、

「私がめくらだと思って、それを瀬降のスミにかくしていったんだよ、目黒で人殺しをしてきた日の暮れがたに」

「い、いまの、大入道がかい？」

「そうよ」

「ありがと、お花坊」

私は胸のこみあげてくるのを、どうすることもできませんでした。

「お前の彼氏（すきなひと）ではあるまいな」

この言い方は、花子をおこらせました。

「なめたことを云うない。おいらは隣に広吉という、レッキとした親分さんがいて、ちゃんと守ってくれてるんだよ。あんな化けものに、指一本だってさせはしないよ」

恐ろしく歯ぎれのよい剣幕でありました。

しかも、私に向きなおって動きません。

「そんなに怒らなくたっていいじゃないか。聞いておかないとわからないからだよ。それじゃ、もう一つ教えておくれよ。野郎が、梨むき庖丁をどうしたかね」

「瀬降の屋根裏にさしてあったけど、さっきもっていきましたよ」

花子はそういって、やっと歩き出しました。

私は、花子を後ろからおがみました。

「目黒で人殺しをしたんだよ。あの前の日の午後に、そこのかわらで、庖丁をといでいたもの」

「そうか、いよいよまちがいない」

ここまで話を聞いたとき、私たちは花子の瀬降についていきました。

地べたの切り炉にかかった土瓶に湯がわいていました。花子は、茶をいれてくれました。

　そこで、私はふところから、

「これ、こんなに、あわれな姿になったけど」

　と云って、大福もちを取り出しました。

「おいらは、これが大好きげ」

　花子は、そういって、大福を食べながら、蛸入道のことを語ります。

「とてもいやらしい奴だよ。わたしがめくらで、ひとりだと思って、泊らせろというのさ。わるいことをしているから、かくれ場にも都合がいいと思ってるらしいのさ。それで、隣の広吉親分に話したら、ロクなガキじゃなさそうだから、だまって引きつけておくがいい。はっきりわかったら、ふんじばって突き出してやるから、というじゃないけ」

「それじゃ、池上の虎親分も、すべてを知ってるんだね」

「知ってるから、小父さんをよこしたんでしょう」

「それならそれと、はっきり云ってくれたら、もっと早く片づいたものを」

　と、私はうれしいやら、うらめしいやら、彼らの義侠心に胸がふさがるばかりでありました。何としても摑まえなくてはと思っていると、花子が、

「私が、つかまえてあげますよ」

　と、こともなげに申します。私は、花子の顔をじっと見つめておりますと、

「だから、小父さんは、小父さんの瀬降にかくれていなさいよ。来たら知らせにいきますよ。そしたら、この瀬降の裏で待ってればいいのよ。私がつかまえたら、入って来なさいよ」

と、自信ありげに申します。

私は（大丈夫かしら？）と思いました。もしものことがあって、逃げられてはならない。それを思うと、じっとしてはいられない。今のうちに、金子刑事に話して、万全の方法をたてようか？

私がとつおいつ考えていると、

「安心で待っていなさいよ」

と、またも花子が申します。

翌日のお昼ごろでありました。私が瀬降で今か今かと待っていると、

「小父さん、来ましたよ」

といって、花子がやって来ました。

「よしきた！」

と、私は十手をつかんで立ち上がると、

「来たって、あの男じゃないですよ……」

「誰が来たんだ？」とたずねると、

「玉木という刑事が――」

「おれがここにいることを、とうとう嗅ぎ出したのかな」

さすがは、警視庁の名探偵だけあって、えらいものだと、恐れを感じました。

「ところが、それを知らないのよ。虎吉が、たしかに国八をこの辺にかくしてるにちがいない。同じ警視庁のものに何でかくすのだ？　正直にいわねえとためにならんぞ――とおどかすじゃないけ。おどかされたって、虎吉親分さんから教えろと云われていないもの、誰が教えてやるものか。同じ警視庁のものなら自分こそ出てこなくたっていいじゃないけ。一人来ていたらたくさんだよ。あんな入道くらい……」

と、これはまた、すごい勢いであります。

「おいらが、知らないといったら（たしかに来なかったなあ、犯人を見つけた模様もないんだなあ？）と、今度は、だまして聞こうとするのよ。知らないといってやったら、瀬降のやつは、どいつもこいつもアマノジャックだといって、笑いながら帰りました」

「だんだん近くに漕ぎつけて来やがった。しかし、ええもんだ。そうとなったら、こっちもゆだんは出来ねえぞ。そこらで、野郎に出会って、いきなりつれてゆきゃァしないだろうなァ」

私は、せっかくここまで来て、ここで犯人をとられては、金子刑事に相すまないと気が気ではありません。

「その辺を見廻ってくるから、待っていなさいよ」

花子も気があせると見えて、そういって出てゆきました。出たかと思うと、

「小父さん、来たよ、泥棒の方だよ。向こうの山からこっちにやって来る。もうすぐ来るよ。早くおいらの瀬降の裏にかくれていなさいよ」
花子は、そういってまた引きかえして行きました。私は捕縄をふところに、花子の瀬降の裏にまわりました。そこにはあつらえ向きのかくれ場があった。身のたけ以上にかやがしげっていて、そこに身をふせて瀬降をのぞいていました。
瀬降の壁はかやですから、スキマがたくさんあって、都合よく、瀬降の中が見えます。
すると、下手のあぜ道から、
へよろこんだ　ころんだ
　ころころこんの　はんごんたん
　ころころこんの　はんごんたん
と、うたいながら、蛸入道がのぼって来ました。そして、瀬降の前まできて、花子を見ると、
「お花ちゃん、お土産だよ」
と、大きな竹ノ皮包みを高くさし上げました。
「何け、それ？」
「お花ちゃんのすきな、おいなりさんと羊かんだよ。さあ、いっしょに食べようぜ」
そういって、飛んできて、ぐいと花子の手をとって、瀬降の中にはいりました。
「あれから、諜の字の野郎、この辺をうろついていなかったかい？」

と申します。花子が、首を横にふると、

「子供をおろして、寝せろよ、邪魔じゃねえか？」

と、花子をつつきました。

計略のはめ輪

花子が子供を寝せるまで、おとなしく待っていた蛸入道は、花子がそばにくると、ちょいと人さし指で頬をつつきました。

花子は猛然となって、相手の頬を打ちかえしました。

「なんだよ、どうしたんだよ。おすしを食べろと云ったんじゃないか」

そんなひきょうなことを云って、困った顔で包みをあけました。

花子は、急に笑って、

「じゃあ、食べっこをしようか？」

と云いました。

「しようぜ」

入道がいうと、花子は立って、壁にかけてあった藤づるでつくったはめ輪をおろしました。

「それは、何だい？」

大入道は目をまるくしました。

「輪はめの食いっこを知らねえけ。これに、首と両手をこういう風にはめて、足をこのようにのばして、のばしたこの足首の上に、おすしをおいて、腰をまげて、口でくわえて食べるのさ。腰の前にのびない人が、損をするんだよ」

花子は両足を前にのばし、両手を首といっしょに、上体とともに前にまげて、要領を教えました。蛸入道は、

「よしきた」

といって賛成しました。

単調な瀬降の生活をなぐさめる遊戯に、彼らはこんなことをして遊ぶのであります。

「お前さんが先きだよ」

花子がいうと、入道は両足を前に出して、両腕を耳の両側の上にあげました。お花は、その両腕と首に輪（わ）をはめました。

入道は、される通りに両腕で顔をはさんでおとなしく輪をはめさせたのであります。

「おいらはめくらだもの、お前さんもめくらにならなくちゃいけないよ」

花子がいいますと、入道は、

「じゃあ、目をくくれよ」

といいました。花子は手拭で腕といっしょにギュウギュウに目をしばりました。それから入道の両足のひざがしらの向こうに、すしをのせました。

この不自由なかっこうで、体をまっ二つに折って、口だけでおすしをひろうのが、輪

はめの食いっこではあるけれど、はめ輪が入道には少し小さくて、両腕も頭もギュウギユウとしまっていました。

「いいか、食べるよ」

入道は、金時みたいに、顔を充血させて、一生けんめいに前に体をまげるのですが、容易にまがりません。

「これでもか、これでもか」

といいながら、うんうんうなるが、口がすしにとどきません。

「しっかり、しっかり、たのみます。三つ食べたらお茶あげる。五つ食べたら泊らしょう。十一食べたら、ムコにする」

花子は手びょうしをとりつつ立上がりました。

そして、

「うちの小父さん、はよおいで、めでたい人が待ってるよ」

と、私の方に向かって手をたたきます。

それとは知らない蛸入道、すっかり自分に云われているのだと思って、

「よしよし、今にムコさんだ。今夜さっそくムコさんだ」

よいしょ、よいしょと夢中であります。

私は、半分笑いながら、カヤの中からおどり出て、両手をそろえて輪にはめている上から、くるくると捕縄（ほじょう）をまきました。

「有原竹蔵、御用だ！」

十手で、急所の向こうずねを、ピシリと打つと、大入道が、びっくり飛びあがって、

「畜生、お花のどめくらめ、七生たたってくれるぞ」

といって、ばりばりと歯をかみながら、口惜しがりました。

花子は笑いながら、

「小父さん、おめでとうよ」

と云ってくれました。私が、心から頭を下げていると、そこへ、

「山窩には、そんなヘマな奴あ、いねえんだよ」

と云って、瀬降に顔をのぞけたものがありました。いつの間に来たのか、池上の虎吉ととなりの広吉の二人の親分であります。

「今日、この野郎が、へんなマネをしたら、おいらの仲間で始末しようと思って、すっかり広公と手をまわしてあったんだ」

「やい、蛸入道、花子は、おめえなんぞの、アソビの相手にゃもったいねえ女だ。だまって年貢をおさめな。旦那、おめでとうございます」

虎吉が、手をたたいてくれました。

かくして、明治三十五年九月十七日に、蛇崩川の強盗殺人犯前科三犯、有原竹蔵を、盲目の山窩娘の助勢によって、めでたく逮捕したのであります。

これが動機で、私は山窩専門の諜者となり、かずかずの事件をあつかうようになった

のであります。

この話を皮きりに、筆者(わたくし)は国八老人の思い出話を材料にして「腕斬りお小夜」「丹波の大親分」「山刃の掟」等のほか二十編以上の山窩物語を執筆したが、これらはすでに各種の雑誌に発表し、単行本にもなっているので省略するが、もう一つ国八老人が死刑囚になりそこなった話を、次に紹介しよう。

第三話

死刑囚よ待て

国八老人昔語り(3)

山刃踊り

　蛇崩川の兇悪犯人を花子のお蔭で検挙したことは、私(国八)にとっては終生忘れられない思い出でありました。どこへ行ってもほめられるし、金子刑事の名声も、これによってさくさくたるものでありました。しかし、

「あなたのお蔭で、金子さんも有名になりましたねえ」

などといわれると、いやな気持でした。

　私は、ほめられるたびに、これというのも池上の虎吉のお蔭なんだ。ひいては、あの花子のお蔭なんだ、そう思って、私は何とかしてこの恩返しをしなければならぬと思いました。同職の課者や刑事さん方は、国八の奴、うまく山窩を利用しやがったなどといいうけれど、私は利用したのではない。彼らに摑まえてもらったんだと、いつも感謝し、

どうしてこの恩返しをしたものか、とそればかり考えていました。

いろいろ考えたあげく、あの花子を彼らの仲間から脱けさせて、立派な普通人にさせてやろうと思いました。彼女は、なかなか賢こくもあるし、目こそ不自由ですが顔も綺麗ですし、これを町に住まわせてちゃんとした生活をさせてやったら、彼女も喜ぶだろう。しかしこれは私の想像で、本人に聞いてみなければわからない。

「私は普通人などいやだ。やっぱり瀬降の方が好きだ」

といえば、それまでである。これは、どうしても虎吉親分から先に相談しなければならないと思いました。

そこで、私は御礼の品々をそろえて、池上の瀬降へ出かけました。その品物ですが、これがまた変っています。

一、ラシャクズ一包み。

一、アカマエダレ一本。

一、マキガミ一本。

一、イタ一本。

以上でありますが、ラシャクズというのは切昆布、アカマエダレは塩鮭の赤味のもの、マキガミというのは鰹節。イタというのは清酒のことであります。これは伊丹の略でありましょう。これらは実にめでたい品物づくしで、彼らの社会では何よりの品物として大変に喜ぶ縁起のいい品々であります。

そのほかにも私は、毛五郎三斤、砂払い十丁、猫跨ぎ五本、それに虎吉の大好きな赤蜻蛉の粉を用意いたしました。おわかりになりますか、毛五郎というのは牛肉のことで、砂払いはコンニャク、猫跨ぎは蒲鉾、赤蜻蛉の粉というのは唐辛子の粉であります。

秋もたけなわのある日の午後の三時ごろでありました。瀬降は林の中に、絵のようにうかんでいました。

「やあ、虎親分」

と、私が振りわけにした右の品々を肩からおろすと、虎吉が、うず高く重ねた修繕箕の蔭から、巾広い顔をひょいとのぞけて、

「おや、国八の旦那じゃねえか」

と、たちあがり、うしろの瀬降に向かって、

「お、国八の旦那だよ」

といったので、中から、女房のお千代がにこにこしながら出てきました。

「こないだは、いろいろと大変お世話になったね。早くお礼に来ようと思ったが、何かと忙しくって大へん遅くなった。心ばかりのしるしだが、この品々をどうか受取っておくれ」

といって、右のものを出しました。

「そうですけ、だけど、こんなにたくさん下さるんですけ？　すまねえです」

と、虎公は恐縮し、女房のお千代も、

「ほんとだよ、別に礼をいわれるほどのこともしてはいないのに、このように、いろいろ沢山に貰っては、わるいよお前さん」

と虎吉に申します。その云い方が真実のこもった云い方で、まことに気持がよい。

「そんなこと云ったたって、旦那が勝手に下さるんだもの、しかたがねえじゃねえか。こうなったら、遠慮しねえ方がいいんだ、ねえ旦那。そうときまったら、早速いただこうじゃねえか。こいつぁどうやら毛五郎らしい。お千代、鍋の用意をしねえ。俺がこの山刃で切るからね」

虎吉が、牛肉の包みをといて、横に山刃をいれて刺身を料理するように、竹の割ったのにのせて、じょきじょき切る。そこへ女房が鍋だの醤油だの、砂糖などをもってきて、瀬降の入り口にある切炉に火を燃やすのでした。

牛肉がじくじく煮えかけると、虎吉は、

「旦那の箸を削ろうかね」

といって、山刃で器用に頑丈な箸をつくりました。新しい幾分青身をつけた白い竹箸はなかなか風流で気持がよい。さらに虎吉は、墓場の花筒のような竹筒を二本つくりました。一本の方に酒を入れて、燃えている火のそばに突き刺しました。

「この竹筒の直燗というものは、われわれの仲間では珍しいものじゃないのです。こうやると、竹の油が酒の中ににじみ出て、アルコール分を消すので、酒がやわらかくなって上等な酒にかわります。めっぽううめえ酒になりますから、まあ飲んでみて下っせえ」

そう云いながら、燗のついたのを、もう一本の新しい筒へ入れかえて、竹茶碗に注いでくれました。

さっそく飲んでみると、なるほど酒の風味が一段とよいのです。(俺もこの真似をして、これからうちのお客にすすめよう)と思いつつ、ほどよく煮えた毛五郎をはさんで口に入れました。

「毛五郎で、竹燗のイタときた日にゃ、こたえられたものじゃねえ。お千代、お前も早くやんねえか」

お千代も箸をとってやりはじめた。これもお酒が好きと見えて、舌つづみを鳴らして、

「こんなに、いろいろとお目出たいものをいただいたんだもの、親分(やぞう)さん、山刃踊りでもやんねえけ」

といいました。虎吉は、

「よしきた。お前(でえ)唄いねえよ」

と山刃をもって立上がり、お千代が口を拭って唄います。虎吉は山刃を振りまわしつつ踊ります。この山刃踊りには深い由緒がある。昔彼らの先祖が、丹波の山に入って仙人の生活をはじめた時に、この山刃を心の守り神として、乱破(らっぱ)の大親分が一味のものに分け与えたという、その由来を唄い踊るのであります。その由緒のことは、今日は省きますが……。

この山刃踊りを見せてもらえば、もはや、親類同然の附き合いが出来るわけで、こちらが彼らのお客分になって、末ながく交際が出来るのであります。

私は大変に嬉しく思いました。それにしても、彼らが私にあれほど重大な犯人を摑まえさせてくれたが、そのことを一言も口にしません。ちょんびりとも恩にきせるような気ぶりも見せない。その謙虚さに敬服しながら私は、いずまいを直して花子の話を切り出しました。

「ほんのお礼心のつもりなんだが、お花坊を普通人にさせてえと思うが、どうだろう?」

これは、彼らにとっては意表外な話であり、虎吉も面喰らった顔でありました。

だいぶん考えていたが、私が、

「親分から承諾してもらい、その上で本人にあたって貰うのが順序だから、折角心のうちを聞かせて貰いてえ」

というと、

「普通人(とうしろ)にして、何をさせますか? あんなものに……」

と申します。

「それゃ、考えがあるんだ。大へん賢こい娘のことだから、いろいろ教えこんだら何でもやれると思う。煙草屋でもよいし、場合によっては、お前さん方がつくる箕(み)だの笊(ざる)などを売らせてもいいと思うのだ」

「なるほど、そんなら下の瀬降に広吉親分が来ているから、さっそく相談してみましょう。その前に、ちょっとお花の身の上をお耳に入れておきましょう」

といって、広吉と花子との関係を聞かされた。この広吉親分というのは、そもそもが上州の親分だ。まだ年が若くて十六歳、花子も上州のものだが、広吉の女房になりたい一心から、生れつきでもない目を、山刃で傷つけて、哀れに思わせて広吉の心を摑もうとした。しかし、広吉にはお霜という跛（びっこ）で盲目の女房がきまっていた。

誰だって、跛で盲目の女など有難くはない。それよりも、目もあいているし、顔も美しく、足も達者な女の方が、どれだけ都合がよいかわからない。それだけに、広吉は、その有難い方の花子よりも、有難くないお霜の方を女房にした。ここが、広吉がわずか十六歳でも、親分としての貫禄を失わないところだ。彼は、

「花子のような美（にく）い娘（つる）なら、誰だって女房にするじゃねえけ。俺ゃ、誰も見向いてやらねえお霜を女房にしてやるんだ」

といって、三つも年上のお霜を女房にした。

この時、花子は自分の目を突いて、広吉の愛を引きつけようとして盲目になったが、駄目だった。

この時、花子が十六で、広吉が十五、つまり去年のことでありました。さすがの広吉もこれには心を打たれたので、一生花子の生活を見てやる決心をきめて、瀬降の隣にお

かせることに決めたのです。しかし妾ではない。彼らは妾のことを「おつまみ」といって、決して許さない。一夫一婦は厳重な掟（はたむら）なのだから、両人の間は、純潔なものでありました。

というのである。——

このような関係を、はじめて虎吉に聞かされた私は、今さら、広吉という少年親分に感心して、広吉のそばから花子を離すことこそ、かえって花子のためにも、広吉のためにも、また広吉の女房お霜のためにも、よいことだと思いました。

やがて、お千代に案内されて広吉がやってきました。こないだ蛸入道を捕えた時に、ちょっと顔を合わせたきりだが、よく見ると、背こそ高いが、まるで子供です。

しかし、上州の親分の血を引いているせいか、どことなくしっかりしている。眉毛がぴんとあがって、精悍そうな顔をしている。口もとのしまったところも、賢こそうな人相です。

「実ぁねえ、広親分」

と、虎吉がわけを話すと、広吉は私に、

「そうですけ、それぁすまんこった。そう云って下さるものを、断わる筋もねえと思います。それにさ、これからの世の中はだんだん進んでくるし、今までのように瀬降にばかりじいっとしとる訳にはゆくめえ。お花のような盲目（めくら）が普通人（とうしろ）になっても、何の役にも立つめえけど、それでも普通人に、転場者が戻ったとなれば、おいらも普通人に仲間が出来る訳にもなる。ひとつ、旦那に頼もうじゃないけ」

これが、十六やそこいらの子供の云い草と思えますか。私は（やっぱり親分といわれるだけの男だ）と思いました。すると、虎吉も、

「それゃ、おいらの作った箕や笊を売らせたらいいじゃないけ。これなら資本（もとで）が要らねえ。俺もうんと働くよ。米櫃の代りに磨（と）ぎ笊（ざる）や、揚笊、それからお座敷の塵取りに使う箕なんぞ、うんと作ったらいいじゃないけ」

というのです。

町に出た瀬降の女

私は、それから三日目に、牛込の筑土八幡わきに、小さな家を借り、簡単に造作を直しました。家主は鳶の八さんという人であったが、この男も手あそびが過ぎて、一年つとめました。その時に獄内（なか）で知り合ったのですが、それっきり手あそびをやめてまじめになり、私の申出をよく聞いてくれて、何かと親身に世話を焼いてくれました。

私は、やっぱり転場者の世話をしてやってよかった。この仕事は、俺でなくては出来ない――と、ひそかに喜んでいました。さっそく区役所に出かけて、梅林花子が一家を創立する手つづきをとり、貰い子の坊やは庶子新太郎として、戸籍の手つづきをしてやりました。

その翌日、花子は虎吉と広吉につれられて瀬降をたたんで引越して来ました。瀬降で

生れて瀬降で育った花子は、畳の上で寝るのがどうも変だといいますので、私の姉を同居させました。この姉は、亭主運がわるく、四度も結婚に失敗したので、もう結婚はこりごりだといって、私の家にいたのでした。

二、三ヵ月たつうちに、姉も花子の賢こいのに驚いて、

「あれは、世話のしがいのある娘だ、あんなに目が不自由なのに、いろはをすっかり覚えてしまったよ。数字も書けるようになった。あと半年もたてば、そろばんも出来るようになり、帳面ぐらいはつけられるよ」

と喜んでくれます。

ここで私は、自分が独身で、このようなかしこい娘の世話をしていては世間の誤解を招くだろうと思ったので、いそいで前々から話のあった今の家内と結婚しました。

やがてその年も暮れて三月になりましたが、この時はもう花子は、立派な荒物屋のおかみさんになっていました。

広吉や虎吉たちが、精魂こめて作ってくる品物が、非常に信用を博したこともありますが、花子そのものがお客の気をひいて、いくら作ってきてもすぐ売れる。彼らも今さらながら花子の普通人もどりの無駄でなかったことを知って喜び、私とは一層親密になりました。

私も、花子がみんなから評判されるのを聞くのが嬉しいので、暇のある度に出かけて行っては、着物や帯のガラを選んでやったり、鏡の前に立たせて、

「今度は桃割に結（ゆ）ったらどうだ？」とか、

「島田も似合うぜ……」

などといいながら、坊やを抱いてしげしげと日増しにみがけてくる花子の姿に見惚れていました。

花子は花子で、私のことを（おじさん）と呼んで、私に対しては羞恥心などみじんもなく、私の前で長襦袢も着れば肌着も着かえるというありさま、私にしてみれば、野中に生えていた百合の花を抜いて来て、自分のうちの庭に育てているような気持――なんともこれゃ彼らのいう大満悦至極（いきいきのやなぎむし）でありました。

ところが、こうしたことが、私を死刑台にのぼらせるような仕儀になろうとは、私は夢にも思いませんでしたよ。

奇怪な嫌疑

その翌年のことでありました。

忘れもしない、青葉の風薫る六月十七日の朝、その朝は、非常に朝靄（もや）がたてこめて、夜があけているのに、東京中が靄の中にすっぽり包まれていました。

（妙に気もちのわるい朝だ、何か、いやな事件がどこかに起きてるのとちがうかいな？）

そんなことをいいながら朝飯を食べていると、制服巡査が二人やってきて（事件だからすぐ渋谷署に行って下さい。金子刑事も待っているから、即刻出頭して金子刑事の指揮を受けるように……）ということであります。

巡査が二人できたのが、少し変だとは思ったが、それは気にもとめず、

「どうも、あの警察は事件をおこして困る」

などとつぶやきながら、私は仕度をいそぎました。何も警察が事件をおこすわけではないが、その管内に事件がおこると、妙にそういう言葉になるのです。

それというのが、一昨年の蛇崩川事件も、渋谷警察の管轄区域だったからであります。二人の巡査は、すぐゆくからというのに、用心ぶかく私を待っています。いつもなら、命令を伝えて、さっさと帰ってゆくのに、今日は二人で待っている。（すぐ行くから……）といえば、（自分たちも召集されたのだから、一緒に行く）といいます。

そこで、巡査と一しょに、さっそく駈けてゆきました。私の家は麻布の狸穴ですから、渋谷は近い。駈けつけてみると、巡査は（二階だ）といって、私を案内します。すこし親切すぎると思いながら二階にのぼると、その一室には、警視庁の腕きき名探偵が、ズラリと顔を並べて評議のまっ最中。

正面には、殺人主任の係長をはじめ、私の親分である金子探偵もいるし、その競争相手の玉木刑事も、大河内刑事も、それから平石という殺人にかけては日本一の名探偵もおり、会議は最高潮に達している様子でありました。

そこへ、私が遅ればせに御用を承わりに入ろうとすると、金子刑事が、いつもの調子とちがった顔色で、

「そこで、待っとれ」

と私をにらみつけて呶鳴りました。ただごとならぬ剣幕なので、私には、何が何だかわからない。二人の巡査は、私を中にはさんで突っ立っています。

と、金子刑事は、上司や同僚たちと何かうなずき合って、すっと立上がってきて、私をドアの外に押し出しました。そして、自分もドアの外に出て、ぴしゃりと締めたドアを背後にして、巡査に目くばせすると、巡査は敬礼をして立ち去りました。

すると、金子刑事が頭かぶせに、

「きさまは、とんでもねえことをしてくれたなあ」

と申します。私には、いよいよわけがわからない。しかたなしに私はだまって、金子刑事の顔を見返していました。それを刑事はどう思ったか、

「出来たことは、もはや取りかえしはつかない。神妙に申立てて、自首の形をとって貰った方が、お前のためだ、そうしてやるから、こっちに来い」

といって、なかば憐れむような顔で先に立って階下におりてゆきます。私があとについてゆくと、刑事部屋の隣の調べ室に私をつれこみました。刑事が椅子に腰かけたので、私もその向こうの椅子にかけようとしますと、

「立っとれ、俺は、職権をもって、お前を殺人被疑者として取調べることになった。きさまが、野島小夜子を殺害したことは、すでに証拠があがっているのだ！」

と申します。癪にさわりましたなあ、一体野島小夜子とは何者でありましょうか。そ

の人物さえも知らない私に、いきなりもいきなり、殺害した証拠があがっているとは何ごとだ！　私は、この野郎め、血迷ったな！　と口の中で叫びました。まだ、四十前であった私は、しずかに落ちついて、その話を聞くほどのゆとりもありません。

「なんだって、そんな無実の嫌疑をかけるんです？　おぼえのないことを、はい、やりましたといえますか？　いったい、ぜんたい野島小夜子って何者です？　はばかりながら国八はそんなおどかし文句にかかって、度ぎもを抜かれたりはしませんぞ」

ぐゎんと、頭のどてっぺんを、ぶん撲りかえすように云いました。

「だまれ、俺は、きさまを使っている天下の刑事だ！」

がつんと、私の頭をたたきました。それも十手のまん中ほどで、ごつんとやったから、があんと腹がたつほど音がよい。私は怒ったねえ。

「親でもぶたねえように遠慮をする、男の頭を、お前さんはなぐりましたな」

自分も、腰の十手を抜いてふり冠りました。

「この野郎、俺が恩人だ親分だと思えばこそ何をいわれても、へい、へいと猫のようになっていたんだぞ。そこを見こんで無理難題、それも難題に事をかいて、野島小夜子を殺害したとは何ごとだ。しかも頭冠せの押しつけで、証拠があがっているとは何ごとだ？　いったい野島小夜子とは何者だ、それもいわずに、いきなり撲るとは何事だ？　それが、天下の刑事のすることか？　こうなったら、こっちの方から、あべこべに調べてやるから、そう思え。さあ、どこからそんな証拠が出たのか、それから先に聞かせてくれ。いわなきあ、こっちの十手が飛ぶまでだ、さあいうかいわねえか」

私が、前後の考えもなく飛びつきそうな血相になったので、さすがの金子刑事も、やや意外な顔で、じいっと私をにらみつけ、やがて低い声で、

「静かにしろ、聞きたくなくとも、こっちはいやというほど聞かせてやる」

と申します。

私は十手をおろして、刑事の口もとを見つめました。刑事は落ちついた調子でいいました。

証拠はすでに揃っている

「お前は、野島小夜子を知らぬというけれど、野島小夜子という女は、経堂在家に住んでいる人に知られた美人だよ。この春、四谷区内藤町の斎藤呉服店で、セルの単衣(ひとえ)を万引きして、お前に捕えられて、内密のうちに釈放された女じゃないか。昨夜、経堂在家の林の中に連れ出され、そこで殺害された――ここまでいえば、お前の胸に、すべてがわかっているだろう?」

刑事は、私の表情の動きを一心に見つめながらいうのです。それが私にはたまらなく癪にさわった。だが、私の表情は少しも変らない、私は、そんな女も知らなければ、万引きうんぬんは更に記憶にないことだ。

私は、あまりのことに、ただあきれるばかりで言葉も出ない。

「どうだ？　野島小夜子を思い出したか？　ずい分美人じゃないか。お前が、万引きを見逃がしてやりたくなったのも無理はない。また、その弱味につけこんで、ちょいちょい呼び出しては、小使をしぼったり、また口ではいえないわるいことをしたくなるのも、あの女が、あんまり美しいからだ。その野島小夜子を、これでも知らぬというのか、え、国八」

聞いているうちに、くやし涙がこみあげて来た。いったい、誰がかまえたか知らないが、ことを構えるにもほどがある。身に、毛ほどもおぼえのない私は、唇をかみしめて、どうしてくれようと思うくやしさで、涙が自然にわいてくる。

「そら見ろ、急所を刺されると、声も言葉も出ないじゃないか。もう出来たことは仕方がない。さっぱりとかぶとをぬいだらどうなんだ！」

人間の災難なんて、どこから来るのかわからない、まったく一寸先きは闇である。どういう訳で、こんな嫌疑をうけることになったのであろう？　私は、今にも、ぶっ倒れそうな気持だが、黙ってはいられない。

「いくら、私に傷害の前科があるからといって、殺人の嫌疑はひどすぎる。私は前科者にはちがいない。たとえ、それが酒の上での喧嘩であったにしろ、私は他人に傷を与えました。そうして、あなたのお取調べを受け、それから一年の刑を被（き）せられました。しかし、こうしてお縄（なわ）を拝借して、刑事（だんな）のお手先になってからというものは、他人さまにほめられることはしても、うしろ指をさされるようなことをした覚えは、これっぽっちもない。行いの上では勿論、心にさえも、人から責められるようなわるい考えをもった覚えはありません。にもかかわらず、お縄をあずかっている私が、殺人犯の嫌疑を受けるとは、あまりといえばあまりです。いったい、どこから、そんな証拠がでてきたのか、それから先に云ってもらいましょう。頭かぶせに、犯人と、きめてかかることだけは、どうかやめて下さい」

私は、はやる心でつかえる言葉を、ようやくつづけた。金子刑事は、頬のあたりに薄気味わるい笑いをうかべて、

「お前も、なかなか、白をきるのが上手になった。それほどお前がいうのなら、証拠を見せてやろうわい。動かすことの出来ない証拠の出ない前に、ほんとのことを云った方が、お前のためだと思うけど……」

下から、私の顔をすくうようにして、まだ自白をせまってくるのです。私は、

「じゃあ申しましょう。どういう風に自白をしたらよいのか、その言い方をおしえて下さい。身におぼえのないことを自白しろというのなら、自白のしかたを教えてもらうよりほかに、方法がありません」

するど刑事はうなずいて、一通の手紙を取り出しました。

「この手紙は、被害者の野島小夜子が、お前に出した手紙だ。読めるなら読んでみろ」

刑事に出された手紙を見ると、封筒の表に

牛込区筑土八幡町三十八番地

梅林花子様方　小束国八様　親展

とあり、裏には

経堂在家にて　野島生

と女の達筆で書いてあります。

さて、手紙の中味を見ると、鶩堂ばりの、きれいな文字が、毛筆の達筆で書かれてある。

前略お許し下され度候。過日は、度々、お目にかかり、その都度いろいろと御教訓下され、ほんとに私はとんでもない過失を犯したものと、後悔のしつづけにて候。ほんとに、私という女は、身体の変調のときは、どうしてこうも自制を失い、万引などという恐ろしい罪を犯すのかと、口惜しくて口惜しくて夜も眠れぬほどの後悔にて候。あの時、四谷内藤町の斎藤呉服店がなかったならと、思うことも弱き女のうらみにて候。

さればこそ、再三のお呼び出しにも、やむなく人目をさけてまかり出で候。またまたお手紙にも、来る十六日午後五時までに、戸山ケ原の例の場所に、まかり出でよとの御中付、私は罪を犯せる弱点のある女、それをお見のがし下され候ことを思えばこそ、再三の御中付けにも従い候ものの、かくひんぴんとお呼び出し下されては、周囲の手前もあり、まことに困惑の至りにござ候。

あなたさまにしては、一度出てきたものの、三度が四度とて、同じことと思召し、再々のお呼び出しかは存じ候わねども、かく重なる御申付けこれ有り候ては、却って万引の罪を問わるる方が、今となりてはましのことと存じ候まま、今回はお言葉に従いかね候えば、左様御承知下されたく願い上げ候。

六月十四日

小夜子

小東国八様

とありました。なるほど、文面には悪質な内容が秘められている。私は、ちっそくするくらい驚きました。

「この手紙はどこにあったのですか」

私は、誰がこのようなことをさせたのか、それを考えてみたいと思って尋ねました。

「白っぱくれなくてもいいだろう？　被害者がお前に出した手紙だ。スタンプのところをうまくちぎってあるなど、さすがは諜者らしい入念さだ。お前はこの手紙を受取って、これは脅迫したことがばれると思って、わざわざ、あんな田圃の中の山の中へ誘い出して、箕づくり（山窩）の手をかりて、あの女を殺害したのじゃないか。しかし、見ろ。お前はこの手紙を兇行の現場に紛失してきたじゃないか。死体の発見者が、これをひろって届けて来たのだ」

射つけるような眼ざしで、私をじいっと見つめて目ばたきもしません。私は、無念の唇を噛みしめていました。

「どうせお前は、前科者の諜者だから、神や仏と思ってはいない。だから少しぐらいの過ちもあるだろう。そこはお上も承知の上で、悪は悪を以て制するの方法でお縄をあずけてあるのだ。だが、ここまで徹底したことをお前がやらかすとは思わなかった。つまりお前はあの女の美しさに魅せられて、その悪に知らず知らずに引きずりこまれたんだ。こうなるとどっちが被害者かわからないが、結果は殺したお前が犯人だ。女は罪のつぐないに、お前に殺された。だが、お前はお上の法律で死刑台に立たねばならなくなった。俺は、お前に縄をあずける時に、その身を縛るための縄だとはいわなかった。悪人を縛る縄だが、これをもっておれば自分の心をも縛ることになる。つまりいましめの縄だといったはずだ――」

金子刑事は机をたたいて叫びます。私は、

「侮辱だ、こうなったら私は口をきかない。私はどうしても神を信じます。このような大芝居を仕組んだ奴はどこにいるのだ。そいつは今に天罰を受けるから……」

と、負けずに叫びました。

すると、私の顔をみていた金子刑事は、

「お前はまだ真人間になっていない。そんなことをいうようでは、まだまだ真の神には距離が遠すぎる。考えのまとまるまで、別室で静かに考えてみろ、さあ来い」

といって、私を留置場につれていった。十手と捕縄を取り上げられ、帯をとかされ、いよいよ私は一個の容疑者になったのであります。

ガチャリ！　と看守のおとした錠の音が、私の胸を無念の思いで塞ぎました。金子刑事は、何もいわずに出てゆきました。捜査会議で、私を留置したことを報告するのでしょう。私は、暗闇(くらやみ)に閉ざされたまま、底知れぬ人生の不安を思いつめていました。

留置場の名主

「おいおい、手前は課ノ字とちがうかい？」

留置場で、牢名主がそういって私をこづきました。私が黙って睨みつけていると、

「口もきけねえのか、手前はここの作法を知らねえんだろ？　奥にはいれ」

と、私の膝を蹴りやがった。留置場では、新入りは陰気な奥の壁ぎわに追いこまれるのです。

私は（こんな外道(げどう)どもにまで馬鹿にされる）と思うと、はらわたの煮えかえるような気持でした。しかし、じっと我慢していると、

「やい、ほんとに手前は課ノ字じゃねえのか」

と、また申します。それでも私がだまっていると、

「やい、手前は俺を舐めてやがるな」と膝をいやというほど踏みにじります。

「昔から、岡っ引きが喰らいこむと、必ず糞を食わせることになっているんだぞ。今の課者は昔の岡っ引だ。手前が課ノ字なら喰わせてやるんだ」

まさに地獄の沙汰であります。これは嘘ではありません。糞でも喰らえという言葉が

ありますが、昔の牢屋がそうでした。岡っ引がはいってゆくと、必ずきめ板でなぐられた上に、角の隠居だの何だのいう牢役人から、さんざんな目にあわされた上、最後に糞まで喰わされる。しかし、牢名主にお金をあずけると、ずっと手心が加わって、きめ板も痛くないような当り方になる。〝地獄の沙汰も、金次第〟ということが、この世の沙汰なのです。

ところで、かような重大な嫌疑を受けるということは、結局自分を立てすぎて人を尊く思わないからである。自己を捨てなければ、徳は樹てられない。徳を樹てられない人間には常にきびしい試練があるはずである。そうだ、俺は、このきびしい試練を、この嫌疑を喜んで受けよう。ここにいる同檻の人々は神の配剤だと思って、ありがたくその言を聞こうと思いました。

先程膝を踏みにじられたとき、私はそいつの足首をへし折ってやろうと思いましたが、今はその足に左手をそえて、うやうやしく、

「ありがとうよ、よく踏んでくれた。すまない……」

と額につけていた男の足をだきました。すると相手は、

「ちえっ、気味のわるい野郎だな、ええお前」

と足首をなでながら、私の顔に見入ります。

「気味わるく思わないで、何でもいってもらいたい。ここへ来たからは、ここの掟に従うつもりです。糞でも何でも喰わせて下さい」

私が、しずかに申しますと、彼は私の耳に口をよせて、

「ほんとに諜の字じゃねえのかい。それならそのように、こっそり俺に耳うちしてくんねえ。ほかの野郎にきびしくして、お前さんだけをほっとくわけにゃゆかねえんだ。判ったかい」

と申します。私は、その心を汲みとって、

「それじゃ、掟にしたがって一応お牢吟味に答えるよ。おいらは小東国八という傷害の前科一犯をもった東京生れのつまらねえ野郎だが、今ではお縄をあずかる本庁の諜者だ。だが今朝ほど世田ケ谷にあった野島小夜子殺しの嫌疑を受けて、このとおり同檻を願うことになった。お調べのことは皆目やみくもでわからねえが、今度の嫌疑が性が悪い。いずれ二十日や一と月はここから出られねえと思うから、昔からの御定法どおり、新入りの来るまでこの壁ぎわのやもりになりますから、どうかよろしく願います。名主さん、どうか皆さんへもよろしくお取りなし願います」

本来なれば、これほど鄭重にはいわないが、私は両手をついていいました。名主の男は、同檻の留置人に（みんな、今聞くとおりだ）という目配せをして、それから腕をくみ、しきりに何か考えていたが、

「殺人の嫌疑で、被害者が野島小夜子？　それゃお前さん、ほんとかい？　いやさ、その野島小夜子が、殺らされたというのは……」

と申します。どうやら野島小夜子をよく知っているらしい口調です。

「わしには全然おぼえのないことだが、たしかに昨夜、経堂在家のたんぼの中の林の中で何者かに殺されたことは事実らしい」

私は、何も隠すことはないので、そのままを話しました。

「そうかい、道理でこの檻房も、隣も、誰一人呼び出しがねえと思った。それじゃ、本庁の刑事(でか)どもが大勢二階に来てるんだな」

名主はうなずきながら申します。同檻の者たちも、私に視線を集めて動きません。

「推察の通り大勢見えている。普通なれば、私もこの捜査に活動するはずであったが、いきなり（お前が犯人だ）といわれて、ここに入れられたので、さっぱり嫌疑の理由もわからない。大体被害者がどんな人物だか、見当もつかないんだ」

というと、名主が、

「ほんとに、知らねえのか？」

といいます。

「知らない。だから見るとおり、私は平然としている」

「たしかに野島小夜子が、やられたんだな」

「お前さんは、野島小夜子を御存知か？」

「し、知らねえ、けど……」

妙に奥歯にもののはさまったようないい方で、それっきりだまりこんでしまいました。

私は、聞き捨てならぬと思いましたが、無理に追及しても悪いと思って、目をつぶって心をしずめていました。

その夜のアリバイ

名主は私のところを離れて、網戸の前にもどってほかの者たちとひそひそ話していたが、ちょっと大きな声で、

「それじゃ、今日は呼び出しがないぞ。刑事さんたち証拠がために飛び廻ってるから、われわれ留置人には用はねえぞ」

といいました。留置人の楽しみは、呼出されて外の空気を吸うてくることで、それが、私のお蔭でふいになったのです。名主は、

「誰か呼び出されねえかな。そしたら上の様子が判るんだが……」

と、誰にともなく呟きました。しかし、その日は全然呼び出しがありませんでした。その翌日も誰も呼ばれません。私には、その理由がわかっていた。事件はよほどこみいっているに違いない。それで、まず第一番に、私のその日の足どりを調べているに違いない。

それを証拠づけるには、まず、私の妻が呼び出され、つづいて梅林花子が召喚される。すると、勿論花子の家にも行っていなかったし、家へは午前三時ごろ戻ったので、妻も不審に思っていたから、そのことは当然妻の口から告げられる。また、花子も来なかったと証言する。そうなると私の不在証明がたたない。そこで、兇行をやるために、家を

午前三時まであけたということになる。

それでは、どこに行っていたか？ というと、その夜私は、「中山道の犬」こと信州の山窩直吉（直吉のことは別項後述）と、浅草公園裏の魔窟を歩いていたのです。

直吉は恐ろしく嗅覚の発達している山窩の隠密です。虎吉親分が、お花の世話をしてやったお礼に、おもしろい男を紹介するといって、引合わせてくれてから、すっかり意気投合して、折りを見ては会っていたのですが、その夜も直吉が、浅草の地ゴロの臭いを嗅いでおきたいというので、それは面白いと思って、二人で魔窟をうろついた。そして、何人かのゴロツキを見つけしだい、私がこれを呼びとめて、直吉に臭いをかがせた。これは、その前の晩からのつづきで、前夜臭いをかいでおいた男を、路地の角で待ちうけている。すると、直吉は相手の見えないうちから、「来た来た」と臭いで予知するのです。本当かな、と思って待っていると、そこへひょっこり、前夜の男が出てくる。それは全く的確で、私には奇異であるとともに、面白くてたまらない。こいつは、将来の犯罪捜査に大へん役立つと思い、私がこれを秘密にしておけば、誰もこの恐ろしい人物の実在を知らないのだから、私はこれはすばらしいと思って、直吉とこのことは誰にも話さないと固く約束したのでした。

だが、私は自分の直属の刑事である金子の旦那にだけは話しておこうかと思ったが、こんなことになっては、これも話せない。話せばさらに輪をかけた嫌疑を受けることになる。

私は、事件の解決には、時間と神とに委せるよりほかに、みちがないと思ってしずかに目をつむっていました。

さて、三日目の夕方でありました。名主がはじめて呼び出されました。しかし容易に戻って来ない。留置人たちは、

「政公（名主）は要領がいいから、また女からの差入れだろ。ゆっくり食ってやがるんだぜ」

とうらやましがっています。差入れがあると、刑事が気をきかして、刑事部屋で食べさしてやるのです。これが留置人には何より有りがたく、また自慢でもあるのです。私も、刑事部屋の模様を、それとなく聞きたいと思って、心まちに待っていました。

すると、午後八時頃になって、名主が戻って来ました。檻房に帰って、網戸の内側にへばりついた名主は、いつもの軽々しさをどこかへ忘れて来たように、すっかり落ちつき払って、しきりに何か考えています。

ほかの者が話しかけても返事もしない。何か心配ごとが起ったらしい、新しい証拠でも摑まれたのか、それとも拘留日数を増されたか、彼は黙りこんで語らない。留置人はみな寝てしまいました。

そのうち、夜は更けていって、午前一時がカーンと一つ鳴ると、彼は毛布をそっとまくるのでした。そして、あたりに気を配っていたが、すっくと立ち上がると死骸をまたぐような足つきで、寝ている者の上をまたいで、私のそばにやってきました。そして私

の耳に口をよせて、

「おい、お前さん、ほんとに小夜子を殺ったのかい？」

といいます。私は首を横にふると、

「おれゃね、さっき女から差入れがあったので、わざと暇をいれて刑事部屋の隅で食べながら上の動きにそれとなく気をつけていたんだ。上では、お前さんを真犯人だといっている。お前さんの親方の金子刑事も、お前さんが真犯人ときまったので、責任を問われて免職になるらしい。そして明日からは、玉木刑事が、お前さんを調べるらしい……」

といいます。私は愕然としました。

もとから手くせが悪かった

名主は、さらに申します。

「これは内密だよ。おれは新宿の政吉というもんで、こないだこの土地の地ゴロ、の家に撲りこみをかけてぶちこまれたんだ。今度は二、三年もってゆかれるかも知れないので、ちょっと出られねえ。だけど、ここに寝ている奴の中に、最近出てゆく奴が三人ある。何か、言伝でもあるなら、おれにいっときな。おかみさんのうちにでも、どこにでもたよりをつけてやるから……」

と申します。これは少々危い話です。刑事に意を含められて、それとなく私の挙動を探っているとしか思われない。こんなもののいうことに、うっかり乗ってはならない。

「ありがとう、だけど、おれには神さまがついているから、心配ないよ」

と、私は笑いました。すると名主は、

「わかった。おれが刑事の手先になってると思うんだろ。ちがうよ、それは。おれはおとといい、お前さんから、危く足をへし折られるのかと思ったら、かえって足をいただかれた。あの時から、この人は、ただの人でないと思っていたんだ」

そういって、私の顔をみつめていたが、

「ほれ、あの時、小夜子のことを聞いただろ。そして、ぴったり話をやめただろ」

低い声でここまでいって、網戸の外に気を配って、看視巡査の様子をうかがって、

「ほんとだよ、驚いちゃいけねえよ。あの小夜子っていう女は、とてもしょうのない女っ子だぜ。五、六年前に俺と別れた女なんだ。大木戸の煙草屋の娘で、別嬪だったが、その美しさが仇になって、どうにも身のおさまらない女だった……」

私はここまで聞いて、（これは嘘ではない）と思いました。名主政吉は、さらに言葉をつづけて、

「俺の次の男は、博奕打ちの敏という野郎だ。こいつは、俺が喧嘩で三月喰らいこんでいる留守に小夜子を手に入れたんだが、その後小夜子のやつ、この敏とも別れて、また別の野島という男と同棲したんだ。だから、あの女っ子は俺にも敏にも、一度はひどい目にあわされるはずだった。俺ぁ、あいつをやったのは、敏の野郎じゃねえかと思うん

だ」

私は、はじめて被害者のことを知りました。

「しかし、万引の手くせがあったというが、そんな女だったの？」

私がたずねますと、

「手くせがわるいんだ。俺があいつと大木戸の藷屋の二階を借りてた時、近所へ何かと買物にいっては、ちょいちょい誤魔化して来たので、こいつはながく附き合う女じゃないぞと思ったことがある。どうも万引は生れつきらしい。あいつが万引をしたってかい？」

「四谷内藤町の斎藤呉服店で万引したのを、この私が見つけて、それをタネに脅迫しつづけ、最後に山窩を使って殺させた――ということになっている」

「へええ、内藤町の斎藤呉服店というのは、後家の斎藤おまちの家だよ」

「未亡人で斎藤おまち？　どんな女だね？」

「どんな女って、お前さん、内藤町のおまちっていえば、あの辺で評判の太っちょだ。年中敏の野郎が入りびたって、小使銭を巻きあげているうちじゃないか」

「敏というのは、さっきの小夜子のお前さんの次の情夫？」

「そうよ。とてもろくでなしで、仲間を売るぐらいは平気な野郎さ。仲間を売って左の小指と薬指を切らされたならず者さ。おまちの姓を名乗って斎藤敏蔵といっているが、実は中野敏蔵という、腐った女っ子みてえな野郎だよ。自分のためなら親でも売りかねない……」

「そうか」

　私は、意外な聞きこみをして有難く思った。

「その敏蔵という者と、お前さんは小夜子のことについて何か話し合ったことでもあるのかい？」

「あるとも。つまり、俺が野郎を殺(ばら)してやろうと思って乗りこもうとしていると、先方からあやまって来た。そういうところが奴の陰険(はらぐろい)ところだ。ところが、その時はすでに小夜子に逃げられていたので、さんざん小夜子の悪口をいっていた。そうだ（いずれ、あいつは生かしちゃおかれない）なんて、また（こういう俺も、小夜子にだまされた、あいつは毒婦だ）ともいっていた。俺あ、たかが女のことなどで気をくさらすのもいい加減にしようと思って、その時さっぱり諦めたんだけど、野郎は、なかなか諦めそうに見えなかった」

「そうすると、小夜子は人妻だね」

「仮りの人妻、つまり情婦さ」

「ふうむ、いろいろ有りがと」

　といったものの、私の取調べも、外部の証拠がそろえば、一瀉千里にすすめられて、私はこの無実の罪を背負わされるのではあるまいかと、私は深い思いにおちてゆくのでした。名主の政吉は、

「いいたいと思っていたことを話したので、やっと胸がおちついた。あとは、お前さんの考え次第だ。俺で出来ることは、何でもしてやるから遠慮なしにいってくれ。といっても、こんな籠の中では、手の施しようもないけれどな」

と申します。私は嬉しく思って、だまって頭を下げました。

虎吉にやらせたのだ

その翌日でありました。私ははじめて調べ室に呼び出されました。政吉のいったとおり、留置場の入り口に私を受取りに来たのは玉木刑事でありました。私は、玉木刑事と顔を合わせた途端に、激情が爆発しそうでそれを抑えるのに苦労しました。

「こっちに来い」

と、私を逃がさないように、並んでゆく玉木刑事の横顔を見ながら、私はいうにいえない敵愾(てきがい)心をもちました。

調べ室に入ると、そこには見馴れない唇の薄い、鼻の小さな額の狭い男がいました。すると、その見馴れぬ男が、

「そこにしゃがめ」

と申します。しゃがめとは何事であろう。椅子があるのに、しゃがめとは？　私は椅子にかけようとすると、

「椅子にかけられる分際か。土下座をして、玉木刑事のお調べを受けるんだ」

と申します。私は仕方なく板張りに坐って膝に手をおきました。（玉木刑事が、あらかじめこうさせよといいつけてあったらしいのです）自分は椅子に腰かけて、ひややかに私を見下して、勿体ぶった調子で、

「お前か、小東国八というのは？　そうか、ここに金子刑事の捜査報告が出ている。それから参考人の根子呂八五郎（死体発見者）の証言と、お前の女房の不在証言、それから梅林花子の不在証言、斎藤呉服店の野島小夜子万引の証言、四谷大木戸の旅人宿に、お前と野島小夜子が投宿した証言の調書も揃っている……。

お前は、野島小夜子の万引を見つけて、それを見逃してやって、その弱点を悪用して、その後宿屋につれ出して、さんざん自由にした上で、最後に断わられたので、自分の悪事が暴露すると思って、これを世田ケ谷経堂在家の林の中につれ出して、六月十七日午前零時半ごろ、かねて知りあいの住所不定の無籍者、箕づくりの池上虎吉に扼殺させたんだなあ。つまらんことをしたもんだな」

すでに作成されてある逮捕手続書をめくりながら、水を流すようにいい終ると、ぱったり書類を閉じました。

こんな粗末な取調べというものがあるものでない。私は一言さしはさむ余地もありません。だが、取調べはこれからである。これから訊問調書が作られる。それは主任警部の仕事である。その時充分説明したらよいのだと思っていると、玉木刑事が出ていった。そして警部を案内してきた。警部は、私を気の毒そうに見下していたが、

「お前は小束国八だな。お前は野島小夜子の殺害を虎吉にいいつけたそうだが、虎吉は、すぐ承知したのか？」

と申します。私は、

「そんな馬鹿げた事件をでっちあげて、どうなさるおつもりですか？」

と睨みつけました。

「でも、刑事の報告は、ちゃんとそうなっている。それでは、お前が直接殺したのか」

と申します。

「私には全然おぼえのないことだ。かような無実を押しつけられる理由がわかりません」

しずかに云ったのですが、警部は、

「ためにならんぞ。金子刑事はその責任を感じて辞職届けを出している。それにもかかわらず、お前はお手数をかけるつもりか。それでは、もうしばらく留置場で考えたがよかろう。玉木刑事、留置場にもどせ」

といいます。私は、

「ちょっと待って下さい。これには数々の不審があり、私としては承服しかねるのでありますが、私を処罰しなければならない理由があるなら、私は喜んで処罰を受けましょう。しかし、虎吉に私が殺人を依頼したということだけは削除して下さい。彼らに迷惑を及ぼすことは、私としては申訳がたちません」

といいました。すると警部は、

「よろしい。それでは自分で殺して、山窩に死体の処分がどうされるかを見張りさせておったのだろう。よしわかった。殺人の現場において、死体を発見した者が、その場で箕づくり一名に出会っている。それも、お前があらかじめいいつけておいた事だろう？」

「毛頭おぼえがありません」

「ないものを、なぜ金子刑事に自白したか」

「否認をさせてくれません。そこには何か理由があるものと思って、神にこの裁決をまかせる心境で、無抵抗主義をとったのであります」

「とぼけたことをいうな。身におぼえのないものが、これほどの犯罪事実を認められるか。往生ぎわのわるい奴だ。きさまの女房は離婚したいといってるぞ。いったい、あの盲目の花子というのはどうしたんだ？　あのような女を囲ったりするから、入費もかさむし、不正の金も欲しくなる。前科者のぶんざいで、妾をおくとは何事だ。神の裁判をまつといったのは、悔悟したからこそ、そういう気持になったんじゃないか。この調書に拇印を押せ」

警部がいうと、玉木刑事が朱肉を私に突きつけました。

指のない男

すると、唇の薄っぺらな見馴れぬ男が、私の右手をとって、指を朱肉に押しつけました。末尾には、名を書ける者には自分で書かせ、それに拇印を押させることになっているのに、字の書ける私の名が書きこんであり、そこに拇印をおせというのです。

その時私は、私の手をとった見馴れぬ男のその手の、左手の小指と薬指の二本がちぎれてなくなっているのを見つけました。一瞬、私は、名主の政吉がいったことをピンと思い出しました。

（きさまが、斎藤を名乗っている敏蔵だな）

と思って、ぐっと睨みつけ、

「よし、それでは判をおしてやる」

といって、ともかく拇印をおしました。

私は、そのまま検事局に送られることになり、ふたたび留置場にかえされました。

思えば恐ろしいことであります。暗黒政治がこの聖代においても行われ、無実の罰に泣かされる者が実在するということを私は、身を以て体験しているのです。

その夜、名主政吉がふたたび呼び出され、一時間ばかり出ていたが、もどってきて、

「おい、世の中はまさに闇だぜ」

と申します。何ごとかと思っていると、

「敏の野郎が諜者になってるじゃねえか。刑事（でか）部屋で、俺とぱったり顔を合わせて、野郎あわてやがったぞ。俺は、（この野郎、諜ノ字になったな）と思ったが、すらっ呆けて（おや、手前、なんでこんなところに来やがった？　後家婆さんにでもたかりそこね

たかい?)と毒舌をあびせてやったら、野郎、すっかりむくれやがって、俺に(おとなしくしやがれ、この野郎!)とお上風を吹かせやがった。もう世の中は闇だ。あんな野郎が、警視庁の諜者になるようじゃ、日本の警察も百鬼夜行だよ」

と珍しく雄弁であります。

「あの玉木刑事のそばに喰っついている、左手の指のない男が敏蔵だね」

と私がいうと、

「うん、みたかね、あの野郎を。あんな野郎が諜ノ字になるなんて、お前さん、気をつけねえよ」

政吉がそういった時でありました。

留置場の廊下の戸ががらりと開いて、看守が近づいた気配です。また新入りかな?と思っていると、看守が誰かと二言、三言何ごとか話し合っています。と思うと戸がぴしゃりと閉まりました。すると看守がやってきて、

「おい政吉、お前は隣に家移りだ」

といって、政公を隣に移しました。私にはまたピンと来るものがありました。政吉が、指なしの敏蔵に毒づいたので、敏蔵が、私に自分の秘密を知らされると思って、隣に移したのである。

私には、私の嫌疑の理由が、いよいよわかって来た。私の心の中には、悪が成功するかどうか、この際ためしてみようという気持が強くなりました。

留置場に飛びこんだ男

それから一時間とたたないうちに、また留置場の入口で人の足音が聞こえました。すでに留置人は寝ていたが、私は妙に胸さわぎを感じて、物音に気を配っていました。すると、警官と一人の外来者との争う物音です。外来者はへべれけに酔っぱらっているらしい。

「この野郎は、とんでもない野郎だ。警察の玄関で小便をたれやがったんだ。二十九日の拘留だ！」

と警官が呶鳴っています。

(何だ、酔っぱらいか)

と思っていると、その酔漢が私たちの檻房にほうりこまれました。みると、背は高いが顔はまるで少年です。カスリの着物に白の天竺木綿（てんじくもめん）の帯をしめて、ちょっと散歩にでも出たような恰好です。

その頃は、不良少年という言葉はまだなかったが、そのような風体で、しかし、どことなく酔っぱらった風を装おってるようにも見えます。私がそれとなく様子を見ていると、その男はいつまでも網戸の内側に立っていたが、いきなり足もとに寝ていた名主がわりの男を蹴飛ばしました。

「てめえは名主だろ、俺の寝るところがねえじゃねえか」

その度胸のすばらしさに、留置人は一せいに飛び起きました。留置人どもは、（この生意気な野郎！）と、いまにも袋だたきにしかねまじい勢です。彼は、留置人の顔を、入念にいちいちうかがっていたが、私の顔を見ると、（はっ）と我にかえった顔になって、にっこり笑いました。

（おや、お前広吉じゃないか？）

と、私も実に意外に思いました。花子の、直接の親分である上州の広吉親分なのです。

だが、留置人たちは、そんなことは知らないから、

「この小僧野郎」

と、留置場独特の、音なしの制裁をはじめました。誰も言葉を出さずに、蹴ったり撲ったり、毛布を頭から冠せて、上からどたどたと踏んづけ、押しつけ、へとへとに痛めつけます。だが、広吉は少しも抵抗しません。

やがて、散々な目にあわされたあげく、一番奥の壁ぎわに追いこまれ、私と並びました。すると広吉は、もう何もかも忘れたのか、スヤスヤといびきをかいて寝入ってしまいました。

「ほんとに、酔っぱらってやがる。朝になったらげっそりしやがるくせに……」

と留置人たちが憎らしがりました。

ところが、夜がふけて、みんなが寝しずまったと思うと、広吉が寝がえりをうって、私に這いかかるように寄りそいました。そして私の耳を舐めるように抱きついて、

「だんな、わかってますか？　俺ゃ連絡(さいぎょう)に来たんだ。とんでもねえ嫌疑をうけたことは、もう瀬降のものには連絡してしまった。それでね、奥さまとお花が一晩留置(とめ)られたのを知ってますか。だんなが真犯人だといわれて、どっちも心配しているんだ。そこでね、虎親分(とらやぞう)も危(やば)くなったので、うまく逃(ふ)けて、中山道(なかせんどう)の犬(おばさん)を呼んでいろいろ相談したんだ。そしたらね、直吉おばさんが（どうしてそんな嫌疑を受けたか判らねえから、誰か留置場(わたしば)に連絡(さいぎょう)に行って来い）というんだ。それで、おいら連絡に来たんだから、かくさねえで、何もかもいって下っせえ。おいらはどうせ、小便をここの玄関でしただけだから、明日になれば釈放(どらて)になれる。そしたら、直吉おばさんと相談して、ちゃんと事を解決してあげるよ」

と申します。私は、広吉の耳に口をあてていちぶしじゅうを打明けました。広吉は、くやしがって、

「わかりやした。それで、その斎藤敏蔵という野郎のいるところは？」と聞くので、

「それは、四谷内藤町の斎藤おまちという呉服屋らしい、政吉が確かにそう言ってたから」

といいました。広吉は、はたしてその翌日の午前九時ごろ、調べ室に呼び出され、散散説諭をされて、釈放されていきました。

私は、それから一時間とたたないうちに、検事局へつれてゆかれました。検事も、警察の取調べを基礎にして、私を真犯人にしています。

私は、すなおに犯行を認めません。検事も判事もさんざん脅したり、すかしたり、怒ったり、

「すなおに認めなければ、また警察にかえすぞ」

とおどかします。私は、

「どうぞ……。死刑にでも何でもして下さい」

と全然無抵抗主義です。この間一週間を経過して、一応取調べが終り、私は未決監で、いよいよ公判の近づくのを待っていました。十七日目から公判が始まりました。公判でも判事はいろいろと私に尋ねました。

「お前はほんとに殺したのか」

「私には全然おぼえがないが、無理に犯人にされたのですから、これも前世からの約束ごとかと思って、ただ神を信じるだけです」

というよりほかありません。裁判長も、

「ほんとのことをいわないと、いくらでも調べるぞ」

といっておどかします。が、私は、

「どうか調べて下さい。調べ足らない点が沢山あると思います。調べられることは、私ののぞむところです」

というと、

「殺人罪は死刑だ。証拠がそろったあかつき、情状を憎まれるようなことはあるまい

な」

とまで、私に念を押します。私は、やや気色ばんで、

「天地神明に誓います」

というと、裁判長は、

「では、明日、斎藤敏蔵と、その方が万引を取り押えた時の証人として斎藤おまちを召喚する」

といいました。彼らが、はたしてどんな証言をするか、私はいささか不安でありました。

あっけない判決

その翌日は、午前十時から公判が開かれました。ところが、証人が見えません。私が変に思っていると、裁判長は、いつもと違ってあわただしい顔で、出廷するやいなや、

「今日は、証人を訊問するはずであったが、その必要がなくなったので、予定を変更して判決を申し渡す――」

というのです。

私は、どきんと胸を打ちぬかれたような気がしました。(いよいよ暴圧である。盲目裁判である。もはや、神も仏もないことを、自分は知らねばならないのだ)と、心の中でつぶやいて、私は次の瞬間を待っていました。

官選弁護人が、いきりたって、何かいおうとすると、裁判長は、

「弁護の必要はありません」

といって、これを許しません。弁護人は、

「裁判長、裁判長」

と呼びつづけたが、裁判長は相手にせず、

「判決」

と、一段高くいって、

「被告を、無罪に処す」

と、主文を読みあげました。猛りたっていた弁護人も、あっけにとられて裁判長を見上げています。私は、私の耳を疑いました。

「理由」

と、裁判長はいって、

「証拠不充分による」

と、判決理由書を、とても早く、聞きとれないような声で、簡単に読み終って、

「これまでの被害者には、実に気の毒であった。今後は、従前どおりの心境をもって、ますます多事になってくる刑事警察のために、御奉公するよう、くれぐれも希望する」

といって、あたふたと席を立ってしまいました。弁護人は、私を振りかえって、

「わからん、何のことだかわからん。しかし万歳だ。お目出度う」

と私の手を握ってくれました。私は、言葉もない憤激と、勝利の喜びと、二つのこんがらかった気持に打ちのめされていました。

と、そこへどやどやと入って来たのは、金子刑事と、「中山道の犬(おばさん)」の直吉でありました。

「国八、ゆるしてくれ。真犯人はあがったぞ」

そういって、私の手を摑んだのは金子刑事でありました。刑事は泣いていました。

「直公のお蔭で、斎藤敏蔵を検挙した。すべて野郎のやったことがはっきりしたんだ。玉木刑事に、野郎が売りこんだヤマだった」

金子刑事が、私の手をしっかり握って語るところによると――

広吉がうまく留置場へもぐりこんで連絡をつけたので、てっきり敏の犯行と睨み、早速内藤町の斎藤呉服店へ直吉が忍びこんだ。広吉が出てきた日の夜だった。

横の物置の方から土台下を掘って、もぐらになって床下にもぐりこんでいると、何も知らない敏とおまちが、ひそひそ話をしていた。午前二時ごろである。聞いていると、おまちが敏に脅迫されて偽(ほけなす)の証言をしているらしい。

(お前さん、こんな恐ろしいことを、私にさせて、それでお前さんはいいのかい?)

とおまちの声。すると敏が、

(そんなことをいえば手前だって、おれとあの女を生かしてはおかねえ、といったじゃないか)

と、喧嘩になった。

（そりゃそうさ。この店で万引きをしたような女に、お前さんは魂を奪われて、何ぼいっても手を切らないからさ。それゃ私は女だから嫉妬をやくのも当り前だよ）

　四十年増のおまちに責められて敏は、あの女の始末に困ったらしい。敏はおまちに云いくるめられて、おまちを撲った。おまちは怒った。

（お前さん、何をするのさ、それほど、あの万引きが好きだったら、殺したりしなきゃ、よかったじゃないか。あれが、店の反物をたもとの下にかくした時、それを見つけたのは私だよ。そこへお前さんが出てきて、あのとおり謝っているものを偽諜者になっておどかしたんじゃないか。そしてさ、俺は玉木刑事の諜者だ、これから警視庁へつれてゆく、といって連れ出したんじゃないか。私はほんとに玉木刑事のところへ連れてゆくのかと思って、かわいそうだと思っていたら、お前さんは、戸山ケ原や宿屋へつれていって、私を忘れたことをしたんじゃないか。それでも私はだまされていましたよ）

　と、口惜し泣きに泣きながら、何もかも喋べるのだった。

　直吉は早速金子刑事に、この情報を知らせ、真犯人斎藤こと中野敏蔵はわけなく検挙されたのであった。

　なお、直吉が斎藤呉服店の床下をさぐってみると、そこには野島小夜子から来た三通の拒絶状がかくしてあった。（そんなに再々呼び出されては、近所の手前もあり迷惑だから、今後もつづけて呼出されるなら、私は出るところへ出て、万引の罪に問われた方がましだ――）という内容であった。

こういう証拠を突きつけられて敏蔵は、いや応なしに自白しなければならなかった。

自白によると、小夜子をいつまでも脅迫することが出来なくなった敏蔵は、かねて世話になったことのある玉木刑事を訪ね、本当の諜者になりたいと、自分を売りこんだのだった。

玉木刑事は、蛇崩川の犯人を若手の金子刑事に奪られて面白く思っていない時だったので、何とかして国八にまさる諜者を欲しいと思っていた。その矢先に、敏蔵の話を聞くと、（それでは、山窩の研究をしてみる気はないか）と水を向けてみた。

敏蔵は、山窩については博徒仲間からうすうす話を聞いていたので、（山窩なら、自分は日本一の研究者だ）と吹っかけ、（第一、自分の母親は山窩であった）と出たらめの駄ぼらを吹いたのである。それに玉木刑事は引きずられ、（自分には金子刑事という新進の強敵があり、その金子刑事には、国八という山窩通の諜者がついている。これをへこますことが出来るか）とたずねると、敏は（そんなことは、朝飯前でさ）といい放った。

彼はついに自分の言葉に酔わされて、それからそれへと嘘に輪をかけて、ついには国八など何ほどのものでもない、あの男は恐ろしい悪党だ、と根も葉もない中傷まではじめたのであった。

中傷というものは、悪をえぐろうとしている者には、何より耳よりな話に聞こえるもので、玉木刑事は、それが虚構の悪事とも知らず、(こいつは、意外な聞込みだ)と、うかうか乗せられてしまった。

(国八の野郎は、仕立屋銀次から月々きまった小使いをもらっている)とか、(泥棒の上前をはねている)などという話は、ますます玉木刑事を喜ばせました。

それも私を知って居ればだが、一面識もないのに、それを見て来たように(確たる筋から聞き込んでいる)と話したのです。そこで玉木刑事が、その口裏に乗ってあべこべに、敏から材料をひき出され、私が花子を普通人戻りさせたことまで話しました。それから、(花子が子供をもっているが、あれはどうも国八の子らしい)といいました。

敏蔵は(ここだ)と思って、(それはお見込みの通り国八の子ですよ。それは専らの評判で、泥棒仲間では皆知っていますよ。知らぬは警視庁ばかりでさ……)などといってしまった。(それだけではない、これを話したら、誰だって驚きますよ。それは、現に私の見ていることですが、国八は、私の店で万引をしたある女を、内密に調べて帰してやって、その弱みにつけこんで散々いじめつけている。これはその女が、どんな女であるかは、ちょっとあずかっておきますけど――)と、自分のことをそのまま国八に冠せてしまったのです。

玉木刑事はたまげると同時に、(これは大変によいことを聞いた)と喜んだが、いきなり敏を諜者として採用するわけにいかなかった。

そこで条件をつけました。

（お前が、国八の非行について確たる証拠を掴んで来たら課者に採用してやろう……それから、山窩の犯罪について、世間を驚かすようなネタを探して来たら、それでもいい）

といいました。敏は、ちょっとまごつきました。どちらも骨のおれることだし、第一、出たらめを言ったのだから、それを裏づけるには、嘘を本当に作り上げねばならなくなりました。

そこでとっさの間に考えたのは（そうだ、あの野島小夜子が、どうも自分のことを訴えそうな形勢にある。あいつをいっそのこと……）という恐ろしい計画でありました。

事件の大団円

その日は私の動静をさぐるために、客に化けてお花の店にゆき、ところ番地などくわしく調べておまちの店へ帰ったところが、おまちが大へんな剣幕です。留守中に小夜子から例の手紙が来ていたのです。女文字だから、おまちがかっとして開封し、その内容を見て嫉妬のあまり逆上して、敏の帰りを待っていたんです。そして物凄い喧嘩になった。

さんざん責められた敏蔵は、卑怯にも（国八という奴が、俺の名をかたったので、俺は知らぬ）といってその場を云いのがれ、ついに小夜子の殺害を決意したのです。

彼は、小夜子の家に乗りこんで、兇器で脅迫して、自分に書いた手紙と同じ文句の手紙を国八宛に書かせたのです。書かせた手紙は自分のふところに入れ、その場で小夜子を絞殺したのです。

そして死体は、深夜これをたんぼの林に背負い出して、先に書かせた手紙を開封して、スタンプのところを破って、現場の死体のそばに遺留しておいたのです。

それから今度は、箕づくりに化けるため、近くの民家で箕と紺股引を盗んで、死体の近くに箕づくりの服装でひそんでいて、誰かに死体を発見されるのを待っていたのでした。

そして夜明けごろ、土地の農夫根子呂八五郎が死体を発見して腰をぬかさんばかりに驚いたところを見はからって、ちらっと姿を見せて逃げたのでした。八五郎はそのままその筋へ届け出るし、敏はその足で途中服装を改めて、その夜当直であった玉木刑事を訪ねたのでした。

玉木刑事と話を交している最中、殺人の報告が来て、警視庁は上を下への大騒ぎとなったのでした。敏蔵は、内心でにたりと笑って、

「それ、云わぬことじゃない、国八が山窩にやらせた犯行ですよ」

となすりつけました。

そして、今まで申し上げたような騒ぎの後、名主政吉と、広吉、直吉らのお蔭によって、敏蔵が縛られる結果となりました。

奴はそれでも、七日間だけ諜者になっていたのであります。

——そういって国八は、すんでのことに死刑囚にされそうになった奇妙な体験談を結んだ。国八諜者の話はこれぐらいにして、次に山窩の隠密直吉のことを述べてみよう。

第四話

山窩の隠密　信州の直吉のこと(1)

顎はずしの名刑事

甲州（山梨県）には、富士山麓の人穴の瀬降や、竹の鼻という昔から有名な瀬降場がある。しかも、それらの山窩は、由来甲州山窩と呼ばれて、犯罪史上にも特筆されている剽悍無比な連中である。

従って甲府警察といえば、この種犯罪のケースが数多く、ここに島田留吉という大した山窩通の名刑事がいて、「山窩関係の事件は、まず島田に聞け」といわれているほどの捜査のベテランであった。

この島田は、容貌魁偉、六尺ゆたかな大男で、柔道をよくし、ある時（大正の初期）甲州から東京の三多摩地方を荒し廻った怪盗〝黒装束五人組〟というのを追って、単身全国の瀬降行脚に出かけ、京都の河原乞食の集団を、山窩の瀬降と勘違いしてうっかり近付き、あべこべに襲撃されて危険におちいったことがある。その時、彼は襲ってくる相手十幾人かの顎を、残らず摑みはずして、危機を脱したという猛者である。

　この顎外しは島田刑事の極意で、さっと手がのびたかと思うと、相手の口がポカンとあいて（ああ、ああ）といって、よだれをたらたら流しながら泣きだすのだ。それで、島田刑事の別名を〝あご外し〟といわれていた。

　憑かれたように山窩の資料を探採していた私は、早速甲府警察に島田刑事を訪ねていった。昭和七年八月十日の暑い日であった。

「へええ、大塚さんの御紹介で……。お元気ですか、大塚さん。今度お会いになったら、よろしくいって下さい」

　といったので、私は、

「大塚さんは、例の黒装束五人組の事件は、あなたにうまうまとしてやられたといって、口惜しがってましたよ」

　といったら、

「そうですか、えへへへ……」と笑って、

「どこで摑まえても、同じ日本の警察ですから……」とにやにやしていた。

　それは、こういうわけである。

　黒装束が、東京の三多摩地方に出没したとき、警視庁では大塚刑事がこれを受け持って、自ら一人で根気よく、不便な三多摩の山の中をせっせと歩き廻って探索していた。

そのころのある日、大塚刑事はよく出入りしていた池上の本門寺裏の瀬降をのぞいて、寺の真裏のくぬぎ林の中で、一枚のお菓子袋のカラをひろったのである。よく見ると、それには夜露にぬれて薄くなっているが、甲府の『明月堂』という菓子店のゴム印が捺(お)されてあった。大塚刑事は、

(これは、山窩の捨てたものに違いない)

と見込みをつけた。そこで早速甲府署に、

(この菓子袋はこれこれしかじかで手に入ったが、そちらの明月堂について、お手数だろうが調査をして欲しい――)

と依頼状を添えて照会したのである。

ところが、この照会を受けとった甲府署の島田刑事が、やはり黒装束の手がかりを摑みたいと躍起になっていた矢先だけに、(しめた!)とばかり、躍り上がって喜んで、その菓子袋をそのまま横領してしまったのである。

そして早速その貴重な遺留品をもって明月堂に急ぎ、最近この袋で菓子をどんな人間に売ったか? 店の主人に、記憶のありったけをしぼらせた。菓子屋の主人は、大勢の客の中からさんざん考えたあげく、

「そういわれれば、数日前にたしか五人連れの旅人(たびにん)に売ったことがあります。五人の中の一人は女で、それが前に一人で簓(ささら)を売りに来たことのある女でしたよ」

と思い出して証言した。

そこで、島田刑事は、箙売りなら山窩だ。とすれば、黒装束は山窩にちがいない――とそこに端緒をつかんで、前記のように全国瀬降行脚に出かけて、ついに犯人を検挙したからである。

さて、私はこの山窩通の島田刑事に、例によって根掘り葉掘り山窩のことを質問したが、その時聞いた山窩の隠密の話が大へん興味ぶかかった。わけても、中山道の犬と異名をとっている信州の直吉の話は驚くべきものだ。それを書いてみよう。(以下島田刑事の提供資料による)

手下直吉

山窩の社会には「大手下」「小手下」と呼んでいる二通りの隠密(彼らはすずめという)がある。

日本全国の、山窩の総親分である丹波の乱破道宗に直属して、全国の透破だの突破だのいう平親分の動静を視察検索してあるくのが「大手下」である。いわば、江戸時代の大目附みたいなものである。

「小手下」というのは、単に「手下」といって、これは諸国に分散している透破、突破の平親分に直属して、その支配下の仲間の動静を、常に調べてあるく探偵で、われわれの社会における警察の刑事にあたるわけだ。

だから、仲間の風紀も取り締るし、掟破りの違反者も検挙する。同時に訊問も行なうし、親分の意見を仰いで、判決(おち)も与える。この点、刑事であり、検事であり、判事でもある。

したがって、大手下、小手下は、彼らの仲間にひどく恐れられている。ことに、小手下は、多くの仲間に直接利害を及ぼすだけに、見得もきるが、また腕もすぐれている。

中でも、信州の直吉は、関東の山窩はもちろん、関西の山窩(てんばもの)たちから、その異名である〝中山道の犬(おばさん)〟と呼ばれ、ことに名探偵として恐れられているのである。

彼が、仲間から犬(おばさん)と呼ばれる理由は、スパイという意味ではない。彼の祖先が、丹波の国桑田村の甕襲(みかそ)である上に、彼が、産後間もなく母に死なれて、山犬の乳で育てられたがために、そう呼ばれるようになったのである。甕襲というのは、紀元七百十年頃に、はじめて山犬を飼いならし、人家の飼犬とした犬飼育の元祖である。後年にいたって、犬養部として九百九十五年ごろに、職化されたのも甕襲の一族である。

「おれの祖先が、山から狼をつれてもどって、気ながに飼いならしたからこそ、忠実(まめ)で怜悧強健(とつぼいやなぎむし)な犬(おばさん)ができたんだ。その祖先の手柄を知っている者は、今の日本にゃ、一人もいやしねえ……」

直吉は常に、こういって自慢するのだ。

こうしたことから、彼を仲間のものたちが犬(おばさん)と呼ぶようになったのである。ところが、奇妙なことに、彼は山犬の乳で育ったせいか、その嗅覚が不思議な発達をしているのである。

少しうがち過ぎた話のようだが、彼のことを知っている山窩たちは、口をそろえて、

「あれぁ、まるで犬そっくりよなあ」

というのである。

彼は、ある事情から、十七歳の年から信州安曇の透破親分道太郎の輩下にはいって、俵ころばしを職業としていた。俵ころばしというのは、ワラでつくった小さな俵を、人家の軒端でころばしながら、歌を唄って門附けをもらう旅芸人であった。

ところがこれが、十九歳の年から、道太郎の輩下となって、信州の仲間の掟破りを取り締ることになったのだが、その腕の冴え方は一種独特で、しかも正義で道に外れないのでこのことがたちまち、丹波の大親分道宗の耳に入って、重く取り立てられて、中山道六十八宿の隠密を仰せつかった。すなわち、江戸から板橋を経て、近江の草津にいたる中山道六十八駅の間を、常に上り下りして、仲間の動静を視察内偵させられたのである。ここから〝中山道の犬〟の異名が生れたというわけだ。

峠の茶屋の事件

さて、燃えるような新緑の五月の中旬であった。中山道の難所の一つに数えられていた和田峠で、世にも奇怪な事件がおこった。

和田峠といえば、スキーやハイキングで有名になった鷲ケ峰から霧ケ峰につづく絶景の峠で、今では下諏訪から、丸子町へつながるバスのトンネルが出来て、峠もさびれて

茶屋もないが、直吉活躍のそのころは、まだまだ峠もにぎわっていた。

朝の五時ごろであった。

前夜、下諏訪から四キロばかりのぼった萩倉の仲間の瀬降に一泊した直吉は、今日は親分の道太郎が美ケ原で仲間の宴会（ふくろあらい）をすることになっていたので、早発ちをして六時ごろ樋橋にさしかかった。樋橋は元治元年に、水戸の浪士武田耕雲斎が、一隊八百余名を指揮して、松本、諏訪の二藩の兵と、大いに戦ってこれを破った古戦場で、浪士の碑が建っているので、浪士塚と呼ばれている。美ケ原にゆくには、どうしてもここを通らねばならない。直吉は、その浪士塚のそばを通りかかり、何がなしものを思いながら登っていると、向こうから人の話し声が聞こえてきた。

その話し声が、なんとなく、自分たちの仲間のことを口にしているように、勘で感じたのである。

（はてな？）

と、道を避けて彼は浪士塚の中へ飛びこんで、向こうからやってくる人声をじっと聞いていた。はたして、近寄った人声は、

「たしかに、山窩浮浪の徒輩かも知れねえぞ」

「お澄のうちには、箕づくりだの、簓売りなどが、かならず立ちよっていたからなァ」

と、はっきり聞こえた。声の主は二人づれである。

（さては、なにごとか事件だな？）

と、そっとのぞくと、やっぱり二人連れ。しかも普通の人ではない。(先にゆくのが駐在所(いっぽんまつ)の巡査(おっさん)で、あとのは本署(おもや)の巡査だ。いやただの巡査じゃなさそうだ。たしかに刑事(きたかぜ)にちがいねえ)

直吉はうなずきながら、二人を川下にやりすごした。二人は諏訪湖に流れこむ砥川(といしがわ)に添って街道を下にくだっていった。

(何ごとがあったんだろう? お澄のうちといっていたから、峠(とんがり)のお澄茶屋にちがいないが)

直吉は、そう思って塚の陰から飛びだすと一目散に峠の茶屋に向かっていそいだ。

一四〇〇メートルの和田峠は、初夏の空をギューンと突きぬくように、くっきりと晴れた青空のもとに立っていた。

しずくもこぼれそうな新緑の下をくぐって直吉はお澄茶屋に近よった。これが、都会の現場なら、野次がたかって、それを追っ払う巡査が立っている筈だが、もの淋しい峠の茶屋では、見物人もいなくてあたりはひっそりとしていた。まだ何ごとがあったともわからぬ直吉は、あたりを警戒しながら、敏捷な行動で、勝手知ったお澄茶屋に忍び寄った。

表戸はぴしゃりとしまっている。裏へまわると、そこもぴっしゃりしまっている。しかし、戸に手をかけてみると、するするとわけなく開いた。

(しめた)

と、中に飛びこんで、中からぴっしゃり戸をしめた。

(いったい、何ごとがあったんだろう?)

ぬき足、さし足、土間から炉端をのぞいてみた。瞬間、直吉は、アッと驚いた。お澄婆さんが、炉端の納戸で、むざんな横死をとげているのである。

(殺し(せぶらせ)だ! 婆さんが殺(あや)められているぞ)

直吉は、危いどぶ板を踏むみたいに、ヘッピリ腰で炉端にあがった。炉端から納戸をのぞいて、また驚いた。

(こ、これぁいけねえ、婆さんかと思ったら、こ、これゃ、若い女(にく)だ、しかも、首(とんがり)がねえ)

直吉は、そこに展開された、美人の死の光景に、腰をぬかさんばかりに、目をみはった。

納戸のやや左に横臥した死体が、左手を下にして、右手を背後の畳に這(は)わせ、左の足を曲折し、右足をぽんとのばして死んでいる。

(これゃ、いけねえ。い、いったい、これは誰だろう?)

直吉は、あらゆる記憶を呼びおこそうと、一生懸命考えた。しかし、この若々しい、美しい肉体が、いったい誰なのか、さっぱり見当がつかなかった。

(婆さんには子供(びく)がなかった。婆さんは、もともと俺たちの血族(ながれ)のものだ。それが普通人(とうしろ)もどりをして、居附(いつき)になって、この茶屋をやっていたんだ。だが、木曾の瀬降で一度結婚(ちゃづき)をしたことがある。相手は箕づくりの庄吉という男であった。二人の仲には子供がなかった。庄吉は、婆さんと結婚をして三年目に、茶臼山の崖からおちて死骸(おろくじ)になった。そこで婆さんは、茶臼山を朝夕ながめられるこの和田峠で暮したいといって、峠に居ついたほど貞操(みさお)のかたい女だった。だから、子供なんぞあるはずがない。自分に子供がないので、俺たちのような若いものを見ると、まるで自分の子供のように親切にしていた。俺なんぞも直さん直さんといって、どんだけ親切にしてもらったか知れねえ。だが、その長い交際の間にも、こんな若い女が、身寄りにあるとは聞かなかった。いったいこれは誰だろう？）

直吉は、しきりに頭をひねった。

屋根裏の怪人

（それはそうと、首(とんがり)はどうしたんだろう？）

直吉はそこらを見まわした。

潔癖な婆さんが、いつも綺麗にして敷いていた木綿の敷布団の上に、白い天じく木綿を敷いてあるきり、掛布団も見当らない。ガランとして、この辺の人が俗に東アルプスと呼んでいる茶臼山の方に面した南側の雨戸のすきまから、強い光線がさし込んでいた。その光線が、死体を気味わるく浮きたたせているだけで、ほかには何ものもない。

（婆さんは、いったい何処へ行ったんだろう？）

直吉は、納戸から襖一重でゆかれる便所の方へ廻りかけた。折から表の方で、どやどやと人の気配がおこった。

(いけねえ)

あわてて逃げようとしたが、遅かった。人声は表と裏とから、はさみ打ちにやってきた。しかも、帯剣の音をさせて、一人や二人ではなかった。

(検視だ!)

直吉は急いで床下にかくれようかと思ったが、それも間に合わなかった。

(ええい、くそっ!)

納戸の鴨居に手をかけると、ひらりと海老なりになって足をひっかけた。そして天井のないのを幸い、するするっと屋根裏に登った。そしてやもりみたいに、屋根裏の奥にへばりついて、下を見ていた。

ちょうどその時、検視の一行が入ってきた。

駐在巡査と、部長派出所の巡査部長、本署の司法主任の警部補、それに刑事が二人、警察医、あとの二人はどうやら判、検事らしく思われた。

一行は、土間の、かまどの周囲やら戸締りの状況、それから屋外の状況などをくわしく調べた上で、死体のそばにやって来た。

警察医は、死体をのぞいていたが、司法主任をふりかえって、

「よろしゅうござんすね、動かしますよ」

と、ゴムの手袋をはめて死体に手をかけた。

「暗くてよくわからん、雨戸をすっかりあけたいが……」

警察医がそういったので、駐在巡査が雨戸を三枚あけた。ぱっと、外の光が部屋一ぱいに射しこんだ。染まりそうな新緑が、白い死体に蒼く反射した。

「えろう青い死体ですね？」

駐在巡査が、びっくりしていうと、

「いや、外のみどりの反射だよ」

と警察医がいって、ちょっと笑った。

直吉は、屋根裏の梁の上から一心に見下ろしていた。警察医は、

「これは、すごく鋭利な刃物だな。これはどうも、ここの婆さんじゃないようだ。着物でも着ておれば判るが、この肌は若い女のものだ」

といった。

「ともかく、そこらの押入れなど、隈なく探したまえ」

若い美男子の検事らしいのがいった。刑事は（はっ）と恐縮して、まず納戸の押入れの戸をあけた。そこには木綿の掛布団がたくねこんであった。刑事はその布団をもちあげた。

とたんに、（うわうッ）というような、異様な声を出して、刑事は後退った。

かたちばかりの深さ四十センチ、巾一メートルぐらいの床の間と並んだ押し入れの中

にゴマ塩頭のお澄婆さんの首が入っていたのである。

「これゃ、たしかにこの家の婆さんだ！」

顔見知りの駐在巡査がいった。そしてなおもそばに近より、「まちがいない、たしかに弦巻澄（つるまきすみ）だ」と重ねていった。

今度は警察医がのぞきこみ、

「たしかに婆さんだ。顔に皺（しわ）がある」

と首をかしげながらいった。

「それゃ、六十五ですもん」

駐在巡査がいった。すると警察医が、

「そんなこたぁ、いわんでもわかっているが、顔と体の釣りあいがとれんというんだよ」

と、自分の権威をおかされたようにいい、駐在がだまっていると、

「見たまえ、この体の若さを、それからこの顔の皺を。これが同一人とは思えるかね」

といった。判、検事、司法主任、刑事らがいっせいにうなずいた。

「まさか、別人じゃないでしょうな」

と検事が口をはさむと、警察医は、

「別人じゃないようですが、何しろ体が若いので、これが胴だけだったら、ちょっと判断をあやまりますぜ」

といった。これで、死体がこの茶屋の婆さん弦巻澄であることが確認された。

直吉は、梁(はり)の上から知らず知らずに、頭をのぞけていた。下ではまだ誰も屋根裏の怪人には気づいていなかった。直吉は、下の本職たちにもまけず、探偵眼をはたらかしていたのである。

(畜生、いったい誰が殺(あや)めたんだ? おいらが仇をうってやるぞ)

直吉は、心の中でつぶやいた。

古手拭(ふるてぬぐい)の魅力

下では検事が、

「さて、これが弦巻澄に相違ないとなると、いったい犯人は何者だろうね? 兇行時間はほぼどのくらい前でしょう?」

と警察医に訊いた。警察医は、

「あらゆる点からおして、兇行は昨夜の午前一時前後でしょうな」

といった。

「午前一時前後となると、物盗りだろうか」

検事がいうと、司法主任が、

「この胴巻が、半分にきれている。私はさっきからあとの半分をさがしているが見つからない。しかもこの半分の胴巻には財布がはいっていないから、この点から考えても、強盗ではないかと私は思うんですが、どうでしょう？　強盗が奪おうとしたのを、婆さんが死んでも離すまいと頑張った。それを無理に強盗がかっぱらおうとする、婆さんは両手でしがみつき、口でかみつき、やるまいとした。そこで強盗が面倒と思って、この兇行をやった。しかしあんまり気味が悪くなったので、死体を押し入れに投げこみ、胴巻だけを奪って逃げていった……私はそんなところじゃないかと思うんですが」

といった。

「僕もそう思う」

検事があいづちをうつと、駐在巡査が、

「これゃ、山窩浮浪の一味に違いありません」

とほとんど決定的な言い方をした。直吉は（そんなバカなことあるもんか）と思った。

「このお婆さんは、妙に山窩浮浪の徒が好きで、この中山道(なかせんどう)を上り下りする山窩浮浪の徒を、たえず寄せていました。泊らせることもありまして、酒などのませて、思い思いの芸をやらせたりして、夜どおし騒いだりすることもありました。二、三度注意を与えたこともありましたが、やっぱり泊めていました」

駐在が、そういって説明するのである。

司法主任が、

「婆さんは山窩ということを知っていて、そんなことをしたんだろうか？」

といった。

「それは知っていますとも。私が、奴らはなかなか油断のならない連中だからといっても、それをききませんから、こんなことになったんです。それに婆さんは、自分でも酒をのむし、相当酒の相手もしていたらしいですから、ひょっとすると、酒の上の勢いで、まちがいをおこしていたかも知れません」

駐在巡査の説明に、皆は一応うなずいた。

それから、司法主任が、

「今朝、この兇行を発見した工夫(こうふ)というのは、山窩じゃあるまいね」

といった。

「ありゃ、ちがいます。この下のトンネル工事に来ているもので、現場にゆきがけに、かならずここで、朝酒を一ぱい引っかけることになっているんです」

と、駐在巡査がいった。聞いていた直吉は（犯人は、そいつだ）と叫んでやりたかった。

検事は、

「それじゃ、とりあえず山窩に手配しようじゃないか」

といった。司法主任は、刑事に向かって、

「山窩浮浪の台帳はもって来なかったろうね」

といった。刑事が「はあ」とうなずくと、

「じゃあ、一応引きあげて、県内の非常召集を行なって、総検挙をやろう」

司法主任がいうと、一人の刑事が、

「ちょっと待って下さい。今さき、この手拭を、そこの便所の手水鉢のところでひろったんですが……」

といって、一とすじの日本手拭を出した。

それは、垢と泥のしみこんだ、見るからに真黒い手拭であった。模様は竹に雀のとまったのがようやく判る程度に残っているだけで、ほかには手がかりになる印しは何もなかった。

直吉は、（あれをちょっとでいいから、嗅いでおきたいものだ）と思って、真剣にのぞいた。

すると検事が、

「遺留品は大切にしてくれたまえ。それじゃ早速、手配を急ごうじゃないか」

といって、引きあげようとした。

司法主任は、駐在巡査に、

「それじゃ、きみだけ、死体の処置をつけるまでのこってくれたまえ」

といって、出かかった。直吉は（その手拭をちょっと借りたい）と思って、思わず手をのばした。拍子に、上からすすがパラパラと司法主任のえりに落ちかかった。

「おや？」

と、司法主任が仰向いた途端に、直吉は、（しまった！）と身を動かした。またすすがパラパラと落ちかかった。

「おい、梁(はり)の上が怪しいぞ」

司法主任の言葉につれて、みんながさっと色めいて緊張した。直吉は、見つけられてはならないと、梁の上にぴったりと全身をかくそうとして、かえって誤った。そしてドサリと、下に落ちたのである。

「あっ、曲者！」

いいながら、皆が飛び散った。

直吉は、したたかに体を打ちつけたが、具合よくそこが布団の上だったのと、落ちるとき誰かの肩にあたったので、とっさの早さで飛び起きて、刑事の手にしていたくだんの手拭を、さっと奪ったのである。そうして、開いていた縁側から、脱兎の早さで飛びおりて裏道に逃げながら、手拭の臭いを犬みたいにかいだのである。

「犯人(ほし)だ、犯人だ」

おっとり刀で、司法主任を先頭に、刑事が直吉を追っかけた。直吉は、野菜畑を突っきり、石垣を飛びおりて、下の林に逃げこんだ。

そこで直吉は、ずんぶんに臭(にお)いをかいだ手拭に小石を包んで、後に投げ返し、一目散に美ケ原(うつくしはら)めがけて駈けつけた。

においはかいだ

茶臼山はすぐ向こうに見えていた。逃げ足は早かった。たちまち追手をふりまいて、直線に十キロの美ケ原にかけつけると、

「や、親分」

と道太郎の瀬降に駈けこんだ。

道太郎はただならぬ直吉の気配に驚いて、

「ど、どうしたんだ？」

というと、直吉は、右の事情をくわしく話して「だから、今にも総検挙がはじまるんだ。とても宴会なんかしちゃいられねえ……一刻も早く場越しをしねえと、信州の仲間は、一人のこらず留置場に持ってゆかれるんだ」という。道太郎は、

「まて、直吉ともあろうものが、慌るじゃあねえか。それで、お前さんは、どう思うんだ？　警察の係官たちのいうとおり、それじゃあ、犯人は仲間の奴らだと思うのけ？」

といった。直吉は、

「そ、そいつをいうの忘れてた。俺ぁ、今朝がた、いっぱいひっかけに来て、お澄婆さんの殺めにあってるのを見たという奴が、どうも怪しいと思うんだ。そいつぁ、摑まえて、訊問をいれてみねえことにゃ、判らねえけど」

というのである。

「そうか、お澄婆さんを、仲間の奴らが殺めたたぁ、俺にも思われねえ。お澄婆さんにゃいろいろ世話にもなってることだし、どうだ直吉、お前、警察の向こうをはって、

犯人を挙げてはくれねえか。うまくゆきゃ、警察に対しても、力をおかし申すことになる……」

道太郎は直吉の目色をうかがいながらいう。

「そらぁ、おいらにゃ、もう考げえが決ってるだ。いいかね、親分さん、今もいったように、おいらが屋根裏から落ちたのも、その手拭の臭いをかいでみてえと思ったばかりだ」

「ちゃんと、手拭の臭いはかいだのけ？」

「かぎましたとも。それだけに、仲間に対する検挙が厳しゅうなりますよ。今のうちに、場越しにとりかかっちゃどうですけ？」

「わかった。だが、今夜は場越しはよそう。俺ぁ、今度は、おっしゃるとおりに、挙げられて、存分に調べてもらった方がいいと思うんだ。そのかわり、お前さんが、ほんとの犯人をあげてくれなきゃ困る」

「まって下っせえ」

直吉はしばらく考えていた。道太郎も、腕をくんで考えていた。やがて、直吉は、

「親分さん……俺ぁね、いろいろ思ってることを、一応話そうかと思ったが、親分さんがその気なら、俺ぁなんにもいわずに出てゆくげ。そのかわり、あとがどうなろうと、それは、親分まかせにたのんでおきますよ」

直吉は、何ごとか胸に秘めながら、意味あり気に立ちあがった。

「いいとも、俺も思うことをいいてえが、心はおんなじだ。なんにもいうめえよ。ただ、一つだけいっておくことは、何か事件（こと）がはじまると、すぐさま、こいつも山窩浮浪の仕業じゃねえかといわれる。こいつが、俺の気にいらねえ。このことだけは、忘れねえでいてくれ。それに、お澄婆さんは、ああして普通人にはなっていたものの、もとはといえば、やっぱり血族（ながれ）の者じゃ。それを、そんなむごい死骸（おろくじ）にした奴を、どうか探してくれろよ。たのむ、直吉」

道太郎は、手を合わせ、お澄の霊をおがむのか、それとも直吉をおがむのか、冥黙して合掌するのであった。直吉は、

「それじゃ、おいらは、ひょっとしたら、どえらい遠くへゆくかもわからなえ。じゃ、親分さん」

と、一言のこして立ち去った。

道太郎は、直吉の去った後を、じいっと見ていたが（ほんとにあいつは、犬（おばさん）みたいにとっぽい奴だ）とつぶやいた。

ようやく二分咲きとはいえ、あたり一面、鬼つつじの花が百五十町歩の美ケ原に、天国の花園のように展開していた。直吉は、その花の中をぬいながら、南の方へ消えていった。

それから三時間も四時間もたった。鬼つつじが盛りになると、人足（ひとあし）がしげくなり、人目につきやすいので、そうならないうちに、仲間が一日集って、宴会（ふくろあらい）をやろうというこ

とになっていたので、道太郎は女房（きやはん）のお町をつれて瀬降の外へ出てみたが、輩下のものは一人も来なかった。

　道太郎は、のびあがりのびあがり、あっちを見たり、こっちを見たりするのであるが、目に映るものは、屏風（びょうぶ）をたてつらねたようにそびえたっているアルプスの山々ばかり。

（それじゃ、途中でみんなは不意の検挙（あらし）にあったのかも知れねえぞ）

　そう思って、南を見れば富士が見え、東に向けば赤城や妙義というふうに、どっちを見ても山ばかり。山はそろそろ夕映色に染まってきた。道太郎はかたわらの女房に、

「いまだに、一人も来ねえところをみると、どうやらみんな、やられたのかも知れねえ。こうなったら、こっちも覚悟をきめにゃいけねえぞ。俺が逃（ふ）けると、輩下のものがかえってひどいめにあわされる。だから、ここで警察（わたしば）の旦那を待っていて、おとなしく連れてゆかれて、留置場で直吉のもどるのを待ってるんだ、わかったけ？」

　といった。お町も（わかってるよ）とうなずいた。

「瀬降をかじめて、岩かげにかくしておくんだ」

　道太郎が、そういって瀬降をかじめかかると、下手の傾斜に駈け登ってくる者がある。

「おお、岡谷の松じゃねえか」

　道太郎は手をあげた。岡谷の町はずれに瀬降って竹細工をしている松蔵である。

「た、た、大変だ。なんにも知らなかった。それで、誰もかれも、のんびり、こっちに登ってくる途中で、どえらい、警察の山狩に出あって、諏訪湖のめぐりで、一人のこら

ず連れてゆかれた。俺、ようやく逃(ふ)けて来たんだ。何ごとがおきたのか知らねえが、親分さん、危(やば)いよ、早く逃げねえと……」

松蔵がいうのである。

「さすがに、警察だけのことはある。しかし心配するな。しばらくの辛棒じゃ。それにはこういう訳(ことすじ)がある」

道太郎が、わけを言って聞かせた。だが、松蔵は、心配そうな顔で、

「それじゃ、親分さんは、自分から警察に出てゆくのけ？　姐御(あんね)も」

と念をおすのである。

「そうよ、そうしねえと、いつまでも、俺のことを疑っていけねえ。そのうえ、直吉の奴が屋根裏から落ちたりしている。この疑いを晴らさにゃならねえし、だいいち、手拭をかっさらったりしているもの、ただじゃ、すまねえよ」

そういっているところへ、大勢の人声が聞こえてきた。

「来た。お前(でえ)を追って来たんだ」

松蔵は、いそいで逃げかけた。道太郎は、それをおさえて、

「逃(ふ)けちゃいけねえ、いっしょにゆくんだ」

松蔵の袖をとらえて云っていると、一人の巡査に指揮された、およそ三十人ばかりの消防隊が、まわりをぐるりと取りまいた。

「これで五十七人だ。お前たち三人だけか」

巡査がいった。道太郎はうなずいた。

「ちょっとのお調べだ。すぐ帰すから、一しょに来るんだ」

道太郎と松蔵と、お町の三人は連行された。

煙のにおい

その翌日の午後だった。甲府の警察の刑事部屋に、ひょっこり顔を出した直吉は、

「島田の旦那はいるかね」

とあたりを見まわした。

「いるよ」

とふりかえったのは、ブルドックみたいな顔をした島田留吉刑事だった。彼は刑事になる前に水晶の山を掘っていたという変り種である。その頃直吉と知り合って、山窩のことはくわしく知りぬいていた。

「俺ぁねえ旦那、飲まず食わずでここ五日の間、一目も寝(せぶ)らずに駈けずり廻ってるんだ」

「どうして?」

島田刑事がたずねた。

「どうしてといって、五日前に隣の信州（長野県）で、おいらの仲間は一人のこらず検挙(ふきまくり)にあったんだ」

「どうしてだ？」

島田刑事は思わず膝を乗り出した。

「どうしてって、こういう訳(ことすじ)なんだ。まあ聞いておくんなさい」

と彼はくわしい事情を話した。

「そうかい、それで何かいい臭いが、ほかでしてるとでもいうのかい？」

直吉は、それについて事件の経過を語り、

「それで、ちょっと手をかして貰いてえんだよ。というのは、事件を最初に見つけたトンネル掘りの男というのが、俺にゃ怪しいと思われた。それでトンネル工事の現場へいってその男を見つけだし、ちょいと臭(にお)いをかいでみると、その現場の便所わきに落してあった手拭と同じ臭いがするじゃないけ。それで、仕事をしまって帰るところを待ちうけて、山の中に引きずりこんで、顔を逆さになでてやったのさ。つるりと下から上向けて、この掌(てのひら)でなでてやったのさ。そしたらまっ蒼になって、命だけは助けてくれとぬかすので、少しばかり締めをかけながら、本当のことをいえ、お澄婆さんをやったのはお前だろと、自白(ぐちうま)らせてやると、俺ぁほんとにやらねえという。それでも手前は、煙くせえ臭いがするじゃないかと、臭いをかいでやると、野郎、びっくりしやがってね。それじゃァ、このシャツの臭いじゃねえかと、着ているメリヤスのシャツを脱ぎやがった。そこでね、嗅いでみるとやっぱり遺留品の手拭の臭いと同じだよ。こいつますますいい臭いと思って、野郎の体を嗅いでみると土くせえ。まるで臭いがちがうじゃないけ。

（おや？）と思ってわけを聞くと、そのメリヤスのシャツは、八ケ嶽の源太郎から、昨夜の前の晩に博奕で奪ったというんだ。トンネル工事の飯場に博奕をうちにきて、身ぐるみはがれた源太郎め、帰りがけにお澄茶屋に立ちよって、あんな乱暴をやったんだ」

「そりゃ、うめえところを嗅ぎだした。それで源太郎という奴は、いったい何者だね」

島田刑事が、そういって聞くと、

「それが何ものとも判らねえ。最初トンネル掘りに来ていたが、どうも警察の係官があの辺をうろつくので、どうにも気に入らねえといって、炭焼小屋の運搬夫に雇われていったんだ。それ、あの美しの森の美ケ原とは違うよ、八ケ嶽の美しの森だよ。あの森のすぐ上から国境まで炭を背負い出す人夫に雇われてるんだ。年のころ三十七、八の、まっ四角な顔をした、関取みてえな野郎だよ」

直吉がいった。

「もう会ってきたのか」

島田刑事が云った。

「今さき会ったばかりだ。あの美しの森にもつつじがあるだろ、あれを見物にいったような顔をして野郎をさがしていると、上の赤嶽の方から、背板に炭をのせておりてきた。野郎め、人夫のくせに敷島なんぞ吹かしておりて来やがった。俺ゃ、煙草の火をかせといって、吸つけ煙草をしながら野郎の臭いを嗅いだのさ。そうするとね、プウンと、木炭の汁のような臭いがするじゃねえか。この野郎！　と思ったが、とても凄い野郎だ、俺一人の力じゃかなわねえ。それで俺ゃ、足のつづく限り、甲州街道をつっ走り、塩川を伝って手を借りに来たんだ」

「そうか、お前さんが、長野県の警察にゆかずに十里（四十キロ）の道を、わざわざ山梨（こっち）の警察をたよって来たんだ。俺も知らんたァいえねえな。それじゃ、早速ゆこうか」

「たのむ、おねがい申します。俺ゃね、また二十里や三十里は歩けるよ」

直吉はその足で、怪力刑事の島田探偵と、甲州街道を北へのぼった。八ケ嶽は長野山梨の県境にそびえる山だ。そして西南の甲府盆地に向かって優美な裾野をひいている。その裾野を二人はのぼっていった。国境までのりこむと、秀麗な山容が眉間にぐっと迫ってきたが、はや日没であった。

「暮れても今夜は月だ」

直吉がいう。

「小屋の在所（ありか）がわかってるんだね」

「ちゃんと見て来た。美しの森のちょっと上だ」

いううちに、美しの森に入った。

直吉は、そっと足音を忍ばせて小屋に近づいた。小屋の中では大入道が、お澄から奪った胴巻の半分をひろげ、ちゃらちゃらと金の勘定をしていた。（今だ！）と思った直吉はさっと手をあげた。島田刑事は表に廻った。直吉は裏に廻った。

「源さん？」

直吉がひくい声で呼びかけると、源太郎がぎょっとなって、裏口の方にふり返った。そのすきに島田刑事がさっと表から飛びこんで腕をつかんだ。

「おい警察だ。しずかにしろッ」

源太郎は、再びぎょっとなったが、ぐんにゃり力をぬいた。一瞬、島田刑事が、ほっと気をぬくと、源太郎はさっと手斧をとって立ちあがり、右手に手斧を振りかぶった。

「何をしゃがるッ」

島田刑事の怒声に応じて、彼は斬りかかった。刑事はさっとあとにさがった。源太郎はそのすきに、小屋の一方を蹴破って裏口に飛び出した。

「そら、直公」

島田刑事が叫んだとき、直吉は飛びだした源太郎の右腕に必死でしがみついていた。

「うぬ、しゃらくせえ」

源太郎は左手に手斧をもちかえた。その手に直吉が噛みつくと、今度は右手にもちかえた。直吉はまたもやその手にしがみつく。

その拍子に過って、源太郎は足を踏みすべらし、八ケ嶽特有のあの切りたった絶壁を、二人は抱きあったまま墜落していった。

「おおい、死んだか」

島田刑事が叫ぶと、谷底の方から、

「旦那、おれはここにひっかかってるが、野郎は下に落ちましたよ」

と、途中にひっかかった直吉の声である。

「あがって来れるか？」

「とても駄目だ。ロープを下して下っせえ。小屋にあるでしょう」

小屋にもどってロープをもってきた島田刑事は、先に石をしばりつけて、

「どこだ、この辺か」

といいながら、おろしてやると直吉はロープを摑んだ。そこでロープを大木に縛りつけると、直吉は猿のようにのぼってきた。

「おい大丈夫か」

島田刑事が見入ると、直吉はそれに答えず、

「おい、源太郎」

と下に向かって叫んだ。しかし何の返事もない。

「夜のあけるのを待とう」

そういって二人は、夜のあけるのを待った。夜があけて、下に降りてみると、源太郎は数十メートルの崖下に蟻のように小さくなって落ちていた。しかも、打撲のために虫の息になっていた。それをたすけあげ、ようやく甲府にはこんで取調べると、博奕の金をかせぐため、右の兇行を演じたことを自白した。

彼は静岡県生れで、強盗傷人を犯して追われていた大山源太郎（当時三十八歳）とい

う悪漢だった。

証拠の胴巻と、首を斬った斧が自白を裏づけたとき、信州の山窩は、嫌疑がはれていっせいに釈放された。

直吉のおかげで思わぬ手柄をたてた島田刑事は、

「もうけたのは、この俺だよ。ハハハッ」

といって、四角い石みたいな顋をつるりとなぜた。

以上は、美しの森の殺人犯を嗅ぎ出した直吉の手柄話である。

さて、やはり島田刑事から聞いた直吉の話をもう一つ紹介しよう。

第五話

吠えない犬　もう一つ、直吉のこと(2)

鳶の長吉

こびりついていたような冬が、いつの間にか薄皮を剝ぐように去って、庭の柳の芽が露の玉のようにふくらんできた。

「めっきり、寝ごこちがよくなりましたな」

人々はそういって挨拶をかわすようになった早春の未明のことであった。

浦和の町はずれで、小ぢんまりとした酒屋を営んでいる川西常作の表戸を、

「酒屋さん、酒屋さん」

といって、けたたましくたたく者があった。

常作は（うちだな！）と思ったが、相手の声をたしかめようと思って、耳をすましていた。

「川西さん、酒屋さん?」

今度は明瞭に名を呼ばれた。(誰だろう?)と思いながら、常作は左に寝ている妻を、

「おいおい、やす子」

と呼びながら小づいた。が、妻のやす子はなかなか目をさまさなかった。

「川西さん、酒屋さん」

表の呼び声は、ますます高くなった。(あの声は頭(かしら)の長さんだな!)と思った常作は、起上がって寝巻のままで、表のくぐりをあけた。

「大変なんだ、川西さん」

そう云って、くぐりから飛込んだ顔をみると、思った通り、町内で誰にでも知られている鳶の長瀬長吉であった。まだ三十七、八であるが、消防の小頭もつとめているし、若いものを大勢つかっていて、なかなか評判のよい男であった。

「やっぱり頭だったのか。こんなに早くからどうしたんだね? 何ごとがおきたんだね」

川西常作は、頭(かしら)の顔をさぐるような目つきでいった。

「と、隣の米屋さんが大変なんだ。旦那も、妻君も、坊やも女中さんも、みんな殺されてるんだ」

頭はそういって、くぐりをぴしゃりと閉めた。

「隣の楢林(ならばやし)のうちが?」

川西常作は、一生懸命に落ちつきを見せようとしてゆっくりいった。だが、喉がぶるぶるふるえていた。

「いっしょにいって、見とどけて、訴えるなり届けるなり、方法を考えて下さいよ。俺一人じゃ都合わるいんだ」

頭はびくびくしながら、常作の袖にすがった。常作は（ちょっと待ちなさい）というように、その手をはらって、

「いったい、誰がそんなことをしたんだろ」

と、頭の顔をジロリと睨んだ。

「強盗だ、強盗に違いない。俺が裏に廻ったら木戸も台所も開いていた。それで覗いてみたら台所のたたきに、女中のお八重さんが虫の息で倒れているんだ。こいつぁいけねえ、と中を覗くとあの六畳の座敷に、大将とおかみさんと、坊っちゃんの三人が枕をならべてやられていたんだ。きっと強盗ですよ」

頭は、たてつづけに、喉をつまらせながらいうのである。

「いったい、どうしたというんだろ？　それにあんたは、何用でまた、こんなに早くから隣に来たんです？」

常作は、トビの頭長吉の顔を、じいっと見つめていた。頭は、鶏が喉をつまらせたみたいに、ぎっくりしゃっくりしながら、

「そ、それが問題なんだ、酒屋さん。あんたはゆうべ、あっしと楢林さんとが喧嘩

したのを知ってますか」

頭は首すじをなでながら、（それで困ってるんだ）というような顔だった。常作はそんなことは知らなかった。

「知りませんな、何か、いさかいでもしたんですか?」

と冷めたい顔で、長吉から目をはなさなかった。

「それがね、それが実につまらないことから言い争いになったんだ。ほれ、この間お隣で新しい精米機をすえたでしょう。あの時の勘定に五円ばかりのつけ落しがあったんだ。鳶の手間がですよ。それを催促にきたところが、隣の大将が、今ごろになってそんなことといわれたって困るね。ちゃあんと支払いがすんで、二ヵ月もたった今頃、ひょこんとそんなことをいわれても、こっちは全部払ったことになってるんだから、いまさら聞く耳はもたないねえ――というんですよ。あたしも一杯のんでいたもんですから（何ッ、聞く耳を持たねえ? もたなきゃ、もたせてやろうか、ようし、覚えてやがれ）と、こっちも啖呵（たんか）をきって、そのまま引きあげて家へ帰（け）えって、女房（おっかあ）にそのことを話すと、（何て子供じみたことをして来たんだよ。五円ぐらいの金は、こっちの落度だから、訳を話して棒引きにして来たらいいじゃないか。自分の落度を棚にあげるから癪にさわるんだよ。男らしく謝って来なさいよ。小頭ともあろうものが、そんなことで人の上にたてるものか）とさんざんにやられたんだ。ところが、その時はまだ酒の機嫌で女房のいうことなんぞ素直に聞けなかったが、寝てから考えているうちに、何て俺という奴は、喧嘩早いんだろ、こんなことじゃあしようがねえなあと思って、夜の明けるのを待ちかねて、（昨夜のお詫びに来たんだ）といって、いつものように裏の木戸から入りかけると、ちゃんと木戸が開いているし台所もあいているので、早えなあと思って、声をかけながらひょいと台所を覗くと、今言ったような始末でさ」

長吉は、心の中では（だから俺は疑われてもしかたがないんだ）と思っていた。そこへ、

「あんた、大変よ、早く早く」

と、常作の妻やす子の声がした。やす子はいつの間にか表の話し声で目をさまし、こっそり隣をのぞいて来たのである。

「おかみさんと、お八重さんはたすかるかもわからないわよ。早く早く――」

そういってやす子は、奥から帖場に顔をのぞけた。

「そうか、それじゃ――」

と、常作と頭は立ちあがった。

俺の見込みに狂いはない

それから三日後の本陣（当時捜査本部をそう呼んだ）では、刑事の意見が二つに分れていた。すなわち米屋楢林五郎及び妻ふさ子、並びに長男富士夫、女中大垣八重子の四人殺しに対し、一つは強盗もしくは怨恨説であり、他の一つは鳶職長瀬長吉を犯人とす

る意見であった。

被害者楢林の家の六畳と四畳半と三畳をぶちぬいた仮本陣では、今朝から捜査会議がはじまっていた。埼玉県きっての腕ききだといわれた県刑事課の巡査部長鎌田刑事は、

「俺あ、今まで見込みをはずしたことはねえんだ。この四人殺しに限って、長吉が犯人でなかったら、俺ぁ坊主になるよ」

といった。それに対して、さっきから反対説を唱えていた浦和警察の深沢刑事が、

「この大勢の前で、そんなことをいっても大丈夫ですかねえ?」

といった。深沢刑事も巡査部長ではあるが、鎌田刑事の方が少し先輩である。その上、先方は県刑事課にいるので、言葉づかいは丁寧である。

「大勢の前だから云っておくんだよ。だって深沢君は、犯人を長吉じゃない、長吉じゃないというが、それでは、どこに、きみの犯人はいるんだね? それを云えないうちにぼくの意見に反対するのは少し早いよ」

といった。深沢刑事は、鼻毛をぎゅっと引きぬいた。そしてぬいた鼻毛を火鉢におとし、

「そうですかねえ」

と、にやり笑った。妙に、人を小馬鹿にしたようなこの態度が、鎌田刑事をいらいらさせた。

いならぶ刑事たちの中には(これは面白いことになったぞ、やれやれ)といった調子

のものもいるし、（深沢の奴、妙にこじれているが……）と思うものもいた。また、深沢と同意見だが、少し不安に思っているものもいた。鎌田の部下の刑事は、（深沢のバカが、黙っとればいいのに）と思っていた。

鎌田刑事は、それらのいならぶ刑事たちをずうっと見廻して、

「そうですかねえって、まだきみにはわからないのか？　僕は、事件の報告を受けて、この現場にきた時に、いきなりきみに『長吉は留置したかね？』と聞いただろ。ところがきみは『長吉は犯人（ほし）じゃないですよ』といった。そこで僕はきみに『頭がどうかなってるんじゃないか』といった。そうじゃないか、犯人が、純然たる強盗であったとしたら、裏の犬小屋につながれてるあの犬だよ、あいつが、相当吠えなきゃならんが、それが全然吠えていないじゃないか。僕たちは、今日で三日目だが、まだ吠えられるじゃないか」

鎌田刑事は、深沢刑事を見ながら、そういって顎をしゃくった。

「そりゃそうだ。僕もまた今朝ひどく吠えられた。つい今さっきも、便所へ行ったとき、ううっと唸りゃがった」

深沢刑事は、相変らずにやりにやりと笑いながら、相手の説に賛成した。

「そうだろ、それほど人に馴れない、性（しょう）のはげしい秋田犬だよ、あれは。そいつが、昨夜から今朝にかけて、一声も吠えなかったというのは、かなり馴れてる人間が兇行をやりに来たということになるじゃないか。これくらいなことは、ずぶの素人だって考えつ

「こうじゃないか」

「それゃそうだな」。巡査部長であり、一署の刑事部屋をあずかっている僕としては、そ
れをいわれると、グウの音も出ませんな」

深沢刑事は、また鼻毛をきゅっと抜いた。そして火鉢の中にひねり落した。

「よせよ、人をバカにして。くさいじゃないか」

鎌田刑事は、こめかみをぎりぎりさせながらいった。そして、深沢刑事を、どうしても云い伏せないと気がすまない顔で、

「きみはねえ……」

といった。深沢刑事は、左手で顎を押しながら、きゅっと顔を押し向けると、

「きみは、自分で大失敗をしておきながら、それをずるい態度で誤魔化そうとしてるんだよ。あの時、きみが六感をはたらかせて、そのまま長吉をぶちこんでおきさえすれば兇器はかくされずにすんでいるんだよ。きみがあれのいうことを信用して、それも出たらめの嘘っぱちを信用させられて、そのままにしておいたから、その間に兇器をかくされてしまったんだ。それをきみは、俺たちにいわれたくないので、犯人はほかにある。兇行の原因は、喧嘩じゃない。強盗か怨恨かのどっちかだというんだ。だけど、それは卑怯な態度だよ。いたずらに、僕たちに不愉快な思いをさせて、捜査を長びかせるだけのことだよ」

鎌田刑事は、（どうだ、これでも屈服しないのか）というように、相手の顔を睨みつ

けた。

深沢刑事は、頭をかきながら、

「そうかなあ、長吉の野郎、兇器をかくしたのかなあ」

といった。すると、鎌田に味方する刑事たちが、

「そうだ、それはたしかだな」

「たしかにかくしてるな」

といった。鎌田刑事は、

「あいつのことだ。ちゃんとかくしてるよ。それというのが、訴えてきた時の兇行発見の理由だって嘘じゃないか。今朝起きてみたら米びつに米がなかった。それで急いでとりに来たら、あの兇行にぶっつかったといったろ。深沢君は、それをそのまま信じていたが、僕があいつの女房を呼んで調べたら、『とんでもない、米なんか米びつに一ぱいありますよ。あの人は、昨夕の喧嘩のお詫びにいったんですよ』と、ころりと反証をあげてきたじゃないか。喧嘩のお詫びに行ってくるといって、家を出たのは、女房を信用させる手であって、その実、聞く耳をもたせてやるといって、捨てぜりふをのこして帰ったとおりに、その復讐にきたんだよ。あの野郎は、今でこそ小頭（こがしら）なんぞつとめているが、どうして、あいつぐらい喧嘩早い奴はなかったんだ。それを、深沢君は知らねえんだ」

鎌田は、実証をあげて自説を裏づけてゆくのである。深沢刑事は、

「それじゃ、やむなく鎌田説に同意しておくかな、一応――」

といった。

「往生ぎわの悪い男だな。だって、隣の川西常作夫婦もいってるじゃないか。長吉が、常作から『何用でこんなに早く隣に来た？』とたずねられ、大あわてにあわてて『それで困ってるんだ。実は昨夕喧嘩をしたんだ』といったといってるじゃないか。しかも本人は口喧嘩だというけれど、その実、摑み合いの大喧嘩だったというじゃないか」

鎌田刑事は、とどめを刺すまでは、黙する意志がないようであった。深沢刑事は、

「病院に入っている被害者のあの妻君と女中が、完全に生きかえれば、何とか目鼻がつくんだがなあ」

といった。鎌田刑事は、相手のねちねちしているのが、いよいよ癪にさわった。

「駄目だよ。頭を割られている者が、生きかえったって何の役にたつ？　きみは、この捜査から手を引きたまえ」

一喝されて、深沢刑事は、

「お言葉に甘えて、しばらく静養させてもらいましょうか」

と、こそこそ引きさがった。

経歴の秘密

あれから十日もたっているが、長吉は犯行を自白しなかった。刑事たちは、兇行に使

った兇器をさがすのに血眼であった。被害者の頭蓋骨を一撃に切り割った兇器は、手斧の類であろうと想像されているのだ。刑事たちは長吉の家を幾度家宅捜索したかわからない。またその辺の溝や畑もくまなく探したが、兇器はどこからも現われなかった。

深沢刑事は、そんなことには少しも関心なく、大宮の町はずれをぶらぶら歩いていた。そして、『竹籠製造業、楢林（ならばやし）春吉』とある家の前に立ちどまった。彼はうなずきながら、

「はい、今日は」

と、道路より一メートルほど低くなっている竹籠工場の入口に立った。工場といってもバラック建てで、農家が肥料を入れてかつぐ竹籠を編んでいる作業場であった。

「へえ、どうぞ」

六十ばかりの男が、自分の座布団をはたいて、刑事にさし出した。

「いや、あんまりかまわんでくれ。それに、ちょっと外聞をはばかるんだ。すまないが表までちょっと……」

といって、工場の横の椿の木の下に連れ出した。そして声を低めて、

「ねえ親方、わしは浦和のデカ長（ちょう）だ」

「わかってます」

「さすがに目がたけえな。ところで浦和の五郎さんは、気の毒なことをしたね」

「はり、ありがとござんす。あいつは、あっしの子にしちゃ出来過ぎたんだ。いいことの後にはわるいことがあるといいますが、こんなことになろうたア、思いませんでし

た」

「そうだろ。それに五郎さんと坊やは死体の解剖で手間はとれるし、嫁さんや女中さんは病院だし、こうしていても仕事が手につかんだろ」

「ええ、坐ってるだけで、竹一本曲げる気力もありません」

「そうだろ。実際憎くらしい奴だ、あの犯人は。それについてお前さん、何か心あたりはないかね。あの野郎が……と思うような」

「そんなものはありませんよ。だけど昨日も鎌田という旦那から、鳶職の長吉という者が前夜に五郎と喧嘩しとるんで、それを引っぱってると聞きましたが」

「うん、それゃ、たしかに引っ張ってる。しかし、それがはっきりしねえんだよ。そこでだな、わしは五郎さんの生い立ちについて、ずうっと調べてるんだ。内密に聞きたいというのも、実はそのことなんだ。ときに親分(やぞう)は、この土地ではじめて一家を創立したんだね」

「えッ」

楢林春吉の表情が、さっと土色にかわった。

「何も心配しないで話しておくれよ。君のためにわるいようなことは、決して決してしないから。実は、今さき役場へ寄って戸籍を調べてみたんだ。折角こうして、立派な定住者になっている者をほじくり出して、前身を洗うというんじゃないよ」

深沢刑事は（わかるかい？　わしのいうことが）というように、目に心を見せていった。

春吉は、大きくうなずいて話しだした。

「それじゃ、ここぎりの話にしてくれますね。あっしゃ、十七の年まで無籍者でした。金そのわしを、昔この竹の町長をしていた松田文太郎さんが有籍者にしてくれました。金をもうける腕さえあったら、ちゃんとした家をかまえろ。そしたら、きみだって立派な一戸の主人だ。東京なんぞへ行ってみろ、ひょいとどこからか引越してきて、私の田舎は信州ですってなことをいっているが、それが信州だか満州だかわかったもんじゃない。中には自分の先祖だって一代前ぐらいよりわからねえ人間がザラにいるんだよ。それに比べるときみなんぞは戸籍こそねえが、先祖は四代も五代も前までわかっているんだ。一家を創立して店を開けよ。そうすれゃ、俺の地所に家を建てさせてやるといって、この土地を貸してくれました。十年住んでいたら無償でくれるという約束でした。十年間この地代を払いましたが、二百坪もあるのに年二十円でした。ほんとにただみたいにくれたこの土地でしたが、ちょうどその頃に生れたのが総領の由太郎と、一年おいて次男の五郎の奴です。二人とも小学校にいれました——」

ここまで聞いて、深沢刑事は、

「なるほど、それではここに居つくまでには、ここらを縄張にしていたんだな?」

「そうです。この辺は楢長親分の縄張だから、わっしも姓を楢林にしたんです」

「そうか、楢長の名前は楢林長五郎だったたな。桶川の方に瀬降っている親分さんで

「——」

「旦那は、そうすると、転場者（山窩）のことを知ってるんですか」

「少しは知ってるよ」

と深沢刑事はいった。彼は山窩のことを以前から調べていた。だから、楢林の姓を名乗る者は、武蔵山窩の定住者であることも知っていた。

「そうですか。それじゃいっちまいますが、あっしは楢長親分の輩下ですよ。だけど、時代が時代でしょう。親分も『それはよいことだ、そんなに親切にいってくれるなら、居附になったらいいじゃねえか』といってくれたので、こうして定住になって、箕づくりから籠製造業になったって訳です。だから由太郎にしても五郎にしてもちゃんと義務教育をやらせました。そうなると、今更瀬降を背負わせる訳にもゆかねえので、由はここで稼がせ五郎は奉公に出しました」

「奉公先は、浦和の河野屋だったな」

「そうです。河野屋は御承知のように、米屋と酒屋とを兼ねてやってるでしょう。あっしが、あのうちから米を運ぶ箕を特別丈夫に編んでくれと頼まれまして、念入りにつくったとてもいいものをいれました。それが縁で、五郎を奉公させてもらいました」

「ところが、河野の隠居にひどく気に入られて、娘のふさ子さんを嫁にくれたんだそうだな」

「よく御存知で。野郎はあっしの血を受けているから、歩かせたら人の三倍も早いでしょう。それに小僧同士とでも、べちゃくちゃ饒舌(しゃべ)らんところが旦那の気に入られて、配達は早えし、口は無口で、することは正直だって、すっかり気に入ったと一人娘をくれましてな」

「それについてだなあ、大勢の中から五郎さんが一人娘をもらうについて、恨みに思ったものはいなかったろうか」

「そんなこたあ、ねえでしょう。何しろあのふさ子ときたら、鼻が低くて色が黒くて、のっそりしてましたからなあ」

「そうか」

深沢刑事は首をかしげた。その顔には失望の色がありありと浮かんでいた。

「こんなことをいってもらっちゃ困りますけど、本当にふさ子に比べて五郎はいい男でごわした。しかし五郎は、どっちかというと、お人よしの方でした。そんなことから河野の旦那も、少しお人よしの五郎の野郎がふさ子の亭主に頃あいだと思って、くれたんじゃないでしょうか。親としては、娘を大事にしてくれる者にやりてえですからなあ」

「それはそうだな。それで持参金はあったんだろう?」

「なに、そいつぁ、こっちで断わった。持参金をもらうと、とかく女の方が威張るようになるから、そんなものはいらねえ、そういって断わったにもかかわらず、旦那は、それじゃ家でも建てさせてくれ、さっそく米屋の出来るように小さい店をかまえてやりたいからといって、無理にあの二軒建ての家を建てたんだ。でも、倅は最初にすえてくれた精米機などは、小さくて旧式で間に合わんといって、この間、大きなやつと取りかえました。しかも一台ふやして二台にしましたから」

「なるほどね、その工事に、あの鳶の長吉が来たんだなあ。それでは、もう一つ聞くが、あの店を二軒建てに建てた訳はどういう訳？」

「それは、河野の旦那が、隣の川西に酒屋をやらせる腹があったからですよ」

「ああ、あの隣の川西に。あれも、河野屋に奉公してたんだね」

「そうですとも。うちの倅か川西か、この二人のどっちかにふさ子をやろうと考えていたんだ。それで先に川西に話したら、ふさ子が別嬪じゃねえから川西は、あっしには許嫁(いいなずけ)の女があるといって断わった。そんな許嫁なんていなかったんだが、後に今のやす子という別嬪をもらったんだ」

「そうかい。しかし、そんな主人の娘を嫌うような男に、どうして店を建ててやったりしたんだろ？」

「そこがその、河野の旦那の偉えところよ。五郎と川西の二人は同じ主人のところに奉公していたので、兄弟分になって助け合わにゃいけねえ、人間は一人の力は弱えもんだ。二人が軒をならべて、酒屋と米屋をやっておれば、どっちも景気のいい商売だ、自然繁昌してくる、それに競争心もおこるという訳だよ」

「ずいぶん仲よくやっていたらしいな」

「いやもう、ほんとの兄弟でも、ああはゆかねえ。あの朝も、さっそく行ってみると、川西夫婦は、あまりのことに落胆して、あのとおり泣きながら誰にも出来ねえ世話のやき方だ。おれゃ、泣かされましたよ」

「まったくだ」

「まったくだよ。あの朝も、河野の旦那から同じ屋根の下に住んでいながら、どうしてこんなことをさせたんだ、と呶鳴られると、夫婦は小さくなって、すみません、すみませんと何十ぺん謝まったか知れないよ」

「今でも、病人の世話などは、川西の妻君が一人でやってるじゃないか」

「そうです。うちの女房(おっかあ)も行ってるが、すっかりおやすさん一人に働かせてるらしい」

「そうだね。それについても、この犯人を俺は何としてもあげてえもんだ。だが、警察ではもう手の施しようがなくなった。ついては何かいい考えはあるまいか?」

「さあーてね、そういうことは、おいらにゃさっぱりわからねえが、楢長親分のところにゆけば、中山道の犬(おばさん)に、知恵を借りてくるかもわかりません」

「ほほう、どうだろ、楢長親分の瀬降に連れて行ってはもらえまいか」

「いきましょう。その代り、瀬降にゆくには歩かにゃなりませんよ」

「いいとも」

二人は立ちあがった。歩きながら深沢は、犬(おばさん)の話を聞かされて、大きくうなずいた。

奇怪な飴屋

事件発生以来、すでに一ヵ月も経過していた。真犯人と目された鳶職長吉は、絶対に犯行を自白しなかった。かなり手厳しい訊問であったが、長吉は、

「やらねえことはいえませんよ。何ぼだましたりすかしたりしたって、殺しもしねえものを、殺したなんていえませんよ」

と、はげしい反唇をくりかえすのみか、

「やらねえことをやったといっておいて、検事局に行ってから、それはそういいましたけど、苦しまぎれにいったんだなんて、そんな二枚舌を使いたくないんだ」

といって、強硬に否認をつづけた。

鎌田刑事は、それに対して何らの証拠をもあげ得ないので、その否認をくつがえすことが出来なかった。だが、楢長に会ってきた深沢刑事は、それにはふれずに笑っていた。

名探偵鎌田刑事は（俺も、少々ヤキが廻ったかな）と、やや焦燥の体であった。

それから更に一週間、留置場には、また新たな嫌疑者が四人も五人も引っぱられていた。他の刑事たちが、思い思いに嫌疑をかけた被疑者たちであった。米代をためて、被害者楢林五郎からきつい催促を受けていた大工もいれば、五郎が精米機をすえつけたにかかわらず、町内に披露の酒を買わなかったといって、因縁をつけにきたことのある町内のゴロツキもいた。また、被害者の家の飼犬に咬みつかれて、ほんの少し怪我をした

のを口実に、医者と結托して不当な治療費を強制した飲食店の主人もいた。もちろん、不正の診断書を書いた医者もいっしょだった。

その他の者も、疑いの目をかけてみると、いずれもそれ相当に、疑われるに充分な理由をもっている連中ばかりであった。

町では、いよいよ噂がたかまって来た。今度は誰それが連れてゆかれそうだ。明日は誰の番だといって、かつて、米屋と爪のあかほどでも面白くない交渉をもったことのある連中は、少しも落ちついてはいられなかった。

そんなことから、事件直後よりも米屋殺しは有名になって、戸を閉めた米屋を見物に来るものも多かった。中には遠く大宮の方からわざわざ見物に来て、米屋の店さきにたかって、口をぽかんと開けている男もあった。

そこへ、世にも異様な怪物が、向こうの方からやって来た。

白黒の、犬の毛皮を縫い合わせた犬そっくりの着物をきた人間が、肩に太鼓を抱えて、どどん、どどんと打ち鳴らしながらやってきた。しかも、顔まで犬そっくりにつくってある。童話に出てくる桃太郎の犬みたいな顔である。それが背中に荷物を背負っている。ぶんどって来た宝物の装いに見せている。

「なんだ、あれは？」

大人も子供も、目をみはった。犬は太鼓をたたきながら、中山道を、向こうから、浮き足立ててやってくる。そのお尻には尻尾もある。その尻尾をふりながら、太鼓に合わせた足どりが、実に陽気で、うきうきしている。

〽あーあぁッ、あーあぁッ
　すずき　もんどというさむらいは
　　あああ、らっきょらっきょ、らっきょな

そういって、いい声で唄ってくる。

「犬が唄ってくるよ」

子供たちは、面白がって駈けてゆく。

惨虐と恐怖に包まれている殺人現場の空気が、この異様な人物の出現によって、忽ち忘却されてしまった。

「飴屋だよ、どんどん飴屋だよ」

子供たちは、いっせいに喜んだ。大人たちもこの意表外な、頓智のいい飴屋に拍手を送った。

「ワンワン、ワンワンの飴屋だよ」

口のまわらない子供まで、母親の背中で、踊りあがって喜んだ。飴屋はたちまち群集に取りまかれてしまった。

〽あぁッあー　スズキモンドというサムライは——

どどんこ、どんどんとやりながら、彼は道のまん中で踊り出した。その怪奇と剽軽さがたちまち一種異様な親しみをかもし出すのが不思議であった。

彼は、しばらく踊っていたが、今度は背中の荷物（実は一銭飴の箱）をそこにおろすと、四つん這いになって、犬のまねをした。

最初は、泥棒に吠えかかる物すごいまねだった。見とれている人相のわるい爺さんに、いきなり飛びついた。爺さんは、本当の犬に吠えつかれたように悲鳴をあげて逃げかけて、瞬間に人間だと気がついて顔をまっ赤にした。それがあんまり自然だったので、みんなは腹を抱えて笑いころげた。ワンワンはそこを見はからって、今度は長屋のおかみさんらしい若い女に飛びかかった。おかみさんは、充分承知している筈なのに、キャッと悲鳴をあげて、わきにいた何処の誰とも知れない労働者風にしがみついた。

それがまた、あんまり真に迫っていたので、みんなやんやと嬉しがった。

ワンワンはまだまだ秘芸を連発した。例えば、犬の遠吠えである。遠くの霧の中に怪しい人影をみつけた時の、あの不気味な吠え方である。

ワァーン――ワンワンワン――という吠え方だ。最初の一声を長く引っぱって、あとを小きざみに、けたたましく鳴くところなど、これが人間の声とは思われなかった。

次に奇怪なまねは、襲撃のまねだった。怪しい奴をみつけて、近くにいる友だちを誘って、隊をくんで襲いかかる吠え方である。

フォル……といったような、一声の吠え方だ。最初、強いワンの変形の声を鼻から出して、つづけて駈けだす震動で、舌をふるわせながらうなるのである。

と、奇怪、実に奇怪、そこらの犬が「うお！……どこだ？」というように、どこからとなく飛んできた。

「ほんとの犬が来たよ。ほんとの犬が」

並みいる人々は魂を奪われて、唖然となった。一匹、二匹、三匹——つづいて、みごとな純白の秋田犬が、鎖をちぎって飛んできた。

「あ、米屋のジョンが来た」

「くさりを切ってきた」

褌かつぎの中に横綱が現われたみたいに、米屋のジョンが駈けてきた。一月前に、主人一家が非業の最期をとげたのも知らないのか、今では隣家の川西家に飼われているジョンである。

どんどん飴屋のワン公は、クンクンと首をかしげてジョンを迎えた。そのクンクンが、これまた犬の暗号なのか、せっかく駈けてきた犬たちは、(何だ馬鹿らしい、何もいやせんじゃないか)というような顔で、どんどん飴屋の臭いをかいだ。どんどん飴屋は、ジョンの首輪をつかんで頭をなでた。

「やっぱり吠えないねえ。すっかり犬の心まで知ってるんだよ」

人々は、異様な飴屋のしぐさに、いよいよ舌をまいた。

「この犬はバカだよ。ジョンの馬鹿野郎、主人の殺されたのを知らねえのか?」

一人がいうと、

「ほんとだ。鶏や猫を追っかけたり、何でもねえ客に吠えたりしてるくせに、主人を殺した人間に吠えなかったんだからねえ」

とまた一人がいった。どんどん飴屋は、その人の噂をじいっと聞いていた。人々は、

「やい、ジョン、手前は旦那を殺した奴を知らねえのか」

といったり、

「ほんとに畜生まで、だらしのねえもんだ」

といったりしながら、どんどん飴屋のまわりから離れなかった。飴屋は、ジョンの鎖を踏んづけて、逃げないようにしておいて、

「さあさ、飴を売りますよ。今日は米屋さんの三十五日だ。供養のために、大安売りをしますよ。一銭で三本の大まけだ。そらそら、ジョン公にもやるよ」

そういって、飴箱の蓋をとり、飴をペロリと舐めてジョンに食わせた。

いつもは一本一銭の飴が、今日は三本一銭というので、あっちからもこっちからも、

「おれにも、ぼくにも、あたいにも……」

と、見る間に売り切れてしまった。そして一人減り二人減り、大人の大部分は立ち去った。飴屋はジョンの耳たぼやそのまわりや、背中をなでていたが、

「おや?」

といって、あたりを見廻した。大人は一人もいなかった。子供だけ七、八人しゃがんでいた。

「これぁ、鼠歯（ねずみば）の錐（きり）を投げられた傷じゃねえか?」

といった。くび輪の少し下の方にあたって肩と肩との中間に一銭銅貨大の傷あとが残っていた。どんどん飴屋のワン公は、そこに自分の唾(つば)をなすっては、入念につまぐった。

「これゃ、お前、どっかでわるさをしたんだな。それで鼠歯の錐を投げられたんだな」

どんどん飴屋のワン公は、首をかしげた。

と、不思議そうな顔で見ていた一人の少年が、

「そうだよ、酒屋のおじさんに投げられたんだよ」

といった。するともう一人の鼻たれ少年が、

「そうだ、猫を追っかけて座敷にあがった時に、酒屋の小父さんになげられたんだよ」

「そうかい、こいつ、いつも猫を追うのかい」

飴屋は、異様な興味を抱いたらしく聞いた。

「ううん、とても猫を追うんだよ。それで、酒屋の小父さんと、死んだ米屋の小父さんが、裏の空地で喧嘩をしたことがあるんだよ」

「あら、酒屋の小母さんだって、米屋のおばさんとケンカしたわよ」

六つぐらいの女の子が、口をはさんだ。

「そうかい、このジョンに、酒屋の川西さんが錐を投げたのを、お前さん、見てたのかい」

どんどん飴屋のワン公が、鼻ったれに聞いた。

「うん、見てたよ。酒屋の小父さんが錐を投げたら、犬(ジョン)の背中にささったんだよ。ジョ

ンはささったままうちへ逃げかえったんだよ」

「そうかい。じゃ、米屋の小父さんと酒屋の小父さんたちは、このジョンのために、年中喧嘩をしてたんだな」

飴屋はそういって、きっと口を結んだ。

「そうだよ、そうだよ」

少年たちが、異口同音に叫んだ。

つまらない話

その翌朝だった。深沢刑事は、酒屋の川西夫婦を自宅につれてきた。

「こんな粗末な家だけど、まああがっておくれよ。折りいっての相談があるんだ」

そういって、夫婦は座敷にとおされた。刑事の妻女は何ごとも知らなかった。そこで、お客さまだと思って、お茶を出し、お菓子を出した。酒屋夫婦は、深沢刑事の心中を見ぬくことが出来ないので、一しょにお茶をのみお菓子を食べた。

そこらを見はからって、深沢刑事は妻君に、

「おいおい、中山道の犬（おばさん）を呼んでこい」

といった。すると、

「はい、ここにおりますよ」

といって、昨日のどんどん飴屋が現われた。ちょこんと坐った恰好は、人と丈（たけ）の同じ

犬が坐ったとそっくりであった。

「ねえ、川西さん」

深沢刑事がいった。川西夫婦は、(この人は昨日の飴屋だが?)と、好奇の顔で笑いながらうなずいた。深沢刑事は犬をふりかえって、

「この人は、飴屋は飴屋だけど、少し変ってるんだ」

といった。川西常作も、

「ほんとです。昨日も大変な人気で……」

と応じた。

「そうなんだ。この人の祖先は、甕襲(みかそ)といって、狼を飼いならして犬にしたんだ。今から千四百年ぐらい前だ。以来この人の血筋は、犬とは切っても切れないものになっている。この人も、子供の時に、山犬の乳で育ったんだ。それで、犬のように物の臭いを嗅ぎ分けるんだ」

「そうですか」

深沢刑事がいうと、
と、夫婦は膝をのり出した。

「ところが、昨日のことだ。お宅で飼っているジョンだが――」

とまでいうと、夫婦の顔色がさっと変った。

「ジョンが、ど、どうかしましたか?」

そういう常作の声はふるえていた。

「うん、あれの背中の傷なんだが、あれは、酒樽にコミの穴をあける鼠歯の錐にちがいねえ、ということを、この人がジョンと遊んでいるうちに、犬から聞いたんだ」

深沢刑事は、静かにいった。

ぱったり伏せた夫婦の顔色は、土色だった。

「そこでだなあ、この人は、昨夜の夜中に、米屋の座敷の畳をあげて、床下におりて、お宅との境の土台下を掘って、お宅の床下まで行ってみたんだ。そしたらだな、あんたたちの寝床の真下にある床板と、床梁の間に、こんなものをさしてあるのを見つけたんだ」

そういって深沢刑事は、きちんとたたんだ手拭に、大切に巻いた錐をとり出した。

「ほら、よく見ておくれ。このとおり、楢林米店の受取りの紙にくるんだまま、ささっていたんだ。これは、お宅のだろ？」

夫婦の前に出したが、夫婦は手がふるえていて、手が出なかった。もちろん声も出なかった。

「お宅の品にはちがいあるまい。においが移ってるそうだから」

「え」

やす子が、倒れそうに驚いた。

「それから、もう一つ。こんなものが、床下にあったんだ」

そういいながら刑事は、仏壇の中から、新聞紙にくるんだ薪割の手斧を取りだした。

瞬間、常作が、

「う、うッ」

といってぶっ倒れた。やす子は、

「しかたがないよ――、しかたが――」

と口走りながら、夫を抱きおこし、

「もう、判りました。それもうちのものです。あんた、正直に申上げて下さい。私は、覚悟しているんですから」

といった。やす子はさらに、気丈に夫をいたわりつつ、

「その手斧で、お隣の人たちを、あんなめにあわせたんです。ね、正直に云って下さい。私も、あなたといっしょに、罪をきますから」

といった。常作は、ようやく気をとりなおすと、「死刑になるでしょうか?」といった。「相談というのも、実はそこをいってるんだ。この品をもって、一刻も早くあんたが自首するんだ。そうすれば、少しでも罪は軽くなるからなあ」

と、深沢刑事は、やさしくいった。

「します、します」

常作はたちあがった。

「でも、ちょっとお待ち。いったい、どういう訳で、こういうことになったんだね?」

深沢刑事がいうと、夫婦は、かわるがわる告白した。

つまり、常作は、元の主人の家作にいるものの、隣は家主であり、元の主人である河野屋の娘とその養子。それだけの理由から云っても、決して腹の中では面白く思っていなかった。それに米屋の女房ふさ子は、かつては常作にも一応口のかかった主人の娘である。常作は、それを嫌って、容貌の人並すぐれたやす子と結婚した。やす子は美人にありがちな自惚れと勝気から、何かにつけて米屋のふさ子を下に見くだしていた。

処が、そのうちに隣には男の児が生れた。勝気なやす子には、また嫉妬のタネを殖やされた。その頃自分たちは、猫を飼って可愛がっていた。やがて米屋では、坊やが大きくなるにつれ、猫はひっかくからといって、仔犬を一匹買ってきた。そして、坊や、ワンワンだよ――と、親の慈愛を見せているうちに、犬は日ましに大きくなって、隣の猫を追うようになった。

その都度、喧嘩に輪がかかり、表面こそ仲よくしていたが、内面では仇敵同然だった。

そこへ、兇行より二週間前、またまたジョンが隣の猫を追っかけて、奥まで飛びこんだ。常作は帖場にいたが、癪にさわってカッとなり、手もとにあった鼠歯（きり）をつかんで投げつけた。錐はぶっすり犬の背中にささった。犬はそのまま逃げ帰った。

米屋の夫婦は怒った。錐をぬいて、

「よし、これは証拠だよ、これは証拠だよ」

と大切にしまって返さない。気の弱い常作は、何度も謝ったが、五郎は何としても返さない。

酒屋の夫婦は、（何とかして、あれを取り返さねば）と、あけても暮れても考えていた。

折も折、米屋で出入りの鳶の頭と主人とが大喧嘩をはじめた。夜中のことではあり、その争いは手にとるように聞こえた。常作は、（よし、今夜だ）と決心して、ひそかに手段をめぐらした。

（そうだ、寝しずまったころ、こっそり忍びこんで、どこへかくしてあるか、錐さえ取り返せばいいのだ）

と、万一の用意に、手斧をもって、台所の戸をこじあけて忍びこんだ。夫婦はすでに眠入っていた。女中もいびきをかいていた。常作は喧嘩のたびに、「簞笥にしまってあるよ、あの錐は」といわれていたので、まず簞笥の方へと忍びよった。と、五郎が、

「誰だ？」

といった。常作はそこで、夢中で一撃した。その物音に、ふさ子が、

「どうしたの？」

といったので、また一撃、と思ったら、それはふさ子ではなく幼い富士夫であった。

「誰か来ておくれ——」

ふさ子の呼び声に、あわててこれに一撃を加え、走って逃げようとする女中をも後ろから一撃した。かくして簞笥をかきまわし、錐を奪って家に帰って手斧とともに床下に

かくしたのである。やがて夜明けとなり、何喰わぬ顔をしていたことは、前に述べたとおりである。

「わかった、わかった。わしは、強盗にしては、もう少しものを盗んでなけりゃならんと思っていたよ。つまらない、あまりにもつまらん些細なことすぎて、わしも歯がゆい思いがする。でも、おかみさんは、何も知らずに眠っていたんだろ？」

深沢はそういって、女房だけはかばってやって立ち上がり、

「それじゃ、常さん、わしは見えがくれについてゆく。そうしねえと、自首にならんからねえ」

といって、常作をうながした。

犬（おばさん）こと直吉のおかげで、真犯人を自首させた深沢刑事にがい歌のあがった事件（はなし）である。

さて次に、私が山窩研究途上で邂逅（かいこう）した、いとも奇怪な風来坊の話をしてみよう。

第六話

墓地の幽鬼

山窩の血をひく巷の大学者

山窩と蛇捕り

私が、山窩の中に蛇捕りがいることを始めて知ったのは、昭和五年七月のことで、当時私は朝日新聞の社会部記者をしていた。

板橋の岩ノ坂という貧民窟に、職業的な貰い子殺しの一団があって、私はこれを特種（とくだね）にして新聞に発表し、なお自ら調査して、板橋警察署を督励して検挙させたのである。当時の東京市社会課をはじめ、中央社会事業協会、内務省警視庁が、この事件を大きな社会問題として取りあげ、ついに児童虐待防止法案が議会を通過して、今日の児童虐待防止法が制定された根幹となったのである。

その時私は、この特異部落の住人七人を、お化（ばけ）の清（せい）さん長屋という長屋に集めて「塵（じん）生（せい）座談会」というのを開いた。その内容の詳細は、ここでは省略するが、話は、全くはじめて聞く珍奇な特異生活のさまざまであった。その中でも、よなぎやと蛇屋の話は、最も興味深かった。

よなぎやというのは、川底や泥溝(どぶ)を浚(さら)って、ひろいあげたものをよないで、撰別して、この中から貴金属や宝石、金銀貨などを得たり、金気のものを金物屋、屑屋などに売ったりする生活者である。蛇屋は、蛇捕りから蝮(まむし)や蛇を買って、売薬の材料や強壮剤を作るのである。

そのよなぎやが、話の途中で、

「蛇捕りの本ものは山窩だろう?」

と蛇屋に聞いたのである。山窩という言葉が出たので、私は耳をすまして、蛇屋の返事を待った。すると蛇屋は、「さあ?」といって、それに答えようとしなかった。この長屋にいて、山窩を知らないはずはない。〝石福〟という木賃宿などは、山窩の常宿であり、そこをはずれた山窩が、コボレドヤといって、今この座談会を開いているお化長屋にも泊っていたのである。

なのに、蛇屋が話に乗ってこない。それでついに山窩の蛇捕りについての話は何も聞けなかった。しかし、そのよなぎやが、

「いるんだよ、それゃ、すごくうめえんだ」

といった。これが、私の耳に残って忘れることが出来ない一語であった。それで私はその後も瀬降に出かけるたびに、丹念に蛇捕りの話を聞いてみた。しかし、どこで聞い

ても、

「ここでは、蛇は捕らないよ」

とか、

「そんなことやるもの、いるかなァ」

などといって、どうしても端緒を摑ませない。それでも私は、あきらめきれなかった。

ところが、それから満十年を経て、私は不思議な人間から、その端緒を得たのである。

昭和十四年十一月六日の午後であった。

切手をたくさん貼った部厚い手紙が、未知の人から来た。開封してみると、便箋にぎっちり書いた、身の上の一代記である。

三角寛の文名をたよって、文学青年からの原稿押読ませは、今もなお後を絶たないが、その当時は十日に一編ぐらいの割できていたので、私は（またか）と思って、一頁目を見たところ――

（この稿は江戸川乱歩氏に届けるか、三角寛氏に届けるかを迷ったが、結局三角先生に見ていただいた方が、その真価を判ってもらえると思ったので、突然失礼ながら云々……）

とある。

読んでみると、一字の誤字もなく、文法も正しく、ついに四百字詰原稿用紙にして七十枚ぐらいのものを、私は一気に読まされてしまった。（これはいまも保存している）

そこで、この本人はどこにいるかと、差出人の住所を見たところ、私の家とは目と鼻の先である、道路一本をへだてた小石川区雑司ケ谷の長島方上垣和三郎となっている。

私はさっそく、その女子大裏の長島氏を訪ねてみると、そこは質屋であった。その主人である長島氏は、

「ああ、上垣さんですか、私の家に金の巻絵のあるお櫃だのお膳だの、それから三味線などを置きっぱなしで、護国寺の墓地にいるんですよ」

またまた、意外なことを聞かされた。それも、入質ではなく、預けだという。

「はてな、じゃあ、そこの郵便局によく来る、あの風来坊みたいな男じゃないかな？」

私がそういうと、主人は、

「そうです、そうです。あれで貯金もしてますが、それで墓地に寝てる変り者です。兵庫県の三田には立派な屋敷もあるんだし、お父さんが迎いに来たこともあるんですが、帰らないであんなことをしてるんです」

という。居所を確かめた私は、その足で、墓地に彼をもとめた。

大正時代の財界の巨頭であった安田善次郎翁は、兇漢に野球のバットで打ち殺されたのであるが、その永遠の居所が護国寺の墓地である。その墓の隣に、明治大正の政界の立者であった河野広中翁が眠っている。そのまた隣は、茶道で知られた高橋箒庵居士の奥津城（墓）である。この河野、高橋両翁の奥津城の間を抜けて、左の北側に小峰家の墓地がある。そこで私は、日中に蛇ノ目の雨傘を日除けにし、墓石の台石を机にして、

物を書いている幽鬼を発見した。

それは、生れながらの頭髪のごとく、伸びからまった長髪は、梳ったことは一度もなく、きれぎれに破れた着物は、世にいう敝縕袍の士が、墓石の下の黄泉国から涌きでて、書き忘れたことを、ものしているかのようであった。

「お圭ちゃん？」

私が声をかけた。本人は、自らを「圭子」と呼び、圭子こと上垣和三郎と、送ってきた一代記にも明記してあるので、そう呼びかけたのである。

もの憂さげに、まぼろしのような表情で、小さなインク瓶のそばに銀行ペンをおいて、ふりむいて私の顔を見ると、急に現世に立ちもどった顔色になり、

「あ、センセイ」

と、なつかしげに笑った。私の宅から近い護国寺にいるので、彼は道で見かけて、すでに三角寛を知っていたのかも知れない。私は、

「原稿をみたので、いそいで長島さんを訪ねたら、ここにいると聞いたので、その足で来たんだが、あの原稿は大へんに面白いから、私の資料に買っておきます。四百字を一枚分として、一枚壱円でどうですか？」

と聞いてみた。当時文芸春秋社では、無名作家の初登場は一円で、新進作家になっても、一円五十銭は容易に出さなかった。私の原稿料はそのころ三円ではなかったかと思う。だから、作家が資料として買いとる値段としては大奮発である。

「一円？　そんなにいりません。ただ、先生にお預けしておけば、いつの日にか、お役に立つかも知れないと思っただけですから、別にお金なんかいりません」

という。

「そうはいかない。その代り、これは、いつ何に使うか、予定もないことだから、使うときは一切私の権利にさせてもらう。その代償として、ここに七十円持ってきた。受取って下さい。そのかわりに、後は何百枚でも何千枚でも、お圭ちゃんが書くだけは、みな私が買うから……」

というと、

「それなら十銭でいいです。五円ぐらい頂きましょう」

といったが、私は無理に七十円を渡したのである。それが余ほど嬉しかったのか、一週間後には、どっさり包筒につめて郵送してきた。

この上垣和三郎は、伊勢の神宮皇学館を出て、神戸精華女学校を振りだしに、広島の商船学校、大分の臼杵中学、佐賀の唐津中学等の教師をして、国漢と歴史を受持っていた。通称(あだな)を詳解大辞典といわれた博聞強記の学者である。当時四十一歳であった。

蝮(まむし)天皇の史実

第三回目の稿を読んでいると、真冬の越冬の項で、足の指さきから膝までを、荒縄で巻きたて（その姿は、蘇鉄の冬ごもりだ）と私を笑わせ、次のところで（燃料の多くいる冬期は、それだけに燃料を節約しなければならないので、山窩の田地火(たぢべ)という人から教えられた『曲り土管』を火壺(ほど)にして、炊事をします）とある。

これだけのことを、普通の著述業者が読んだところで、別に何も感興は湧かないのだが、私はただならぬ感興に誘われたのである。

第一は、山窩に燃料節約の焚火の仕方を習った。それが、曲り土管をカマドに応用すること、ここに上垣と山窩との関係、曲り土管で火を燃すこと、この二つの重要な資料がある。

第二は、田地火(たぢべ)という姓が問題である。しかもこれは甚だ重要なサンカ研究の前進への端緒だ。

第三は、筆者がここで、スラスラと山窩を引き出して、それを何でもない調子で書きすましているように思われるだろうが、私には容易にすましてはいられない問題であった。

以上のうちでも、第二の田地火という人がいったい何者であるか？　これは、どうしても追究しなければならない第一の案件である。

というのは、日本の古語で、蝮のことをタヂヒという。私は、これまでに瀬降に出かける度に、蛇捕りを求めて、随分念をいれて聞いてみたが、岩ノ坂でチラリと聞いた蛇捕りのことを探採することが出来なかった。そのやさきだけに、この姓を名乗っているのは、蛇捕りかも知れないと直感した。

私は、護国寺の墓地にいそいだ。

その日のお圭ちゃんは、弘法大師を祠る大師堂の裏がわの縁下（えんのした）にいた。数匹の野犬（捨て犬）に取りまかれて寝ていたが、私の訪れを知ると、ゴロリと起き上がった。

「ああ、あの田地火（たぢべ）ですか。そうですね。這う虫、咬む虫のことは、タヂヒですわね。だけど、あの田地火（たぢべ）は田地火と書くんですが、火をヒとはいいませんのよ」

彼の言葉は奇々怪々な女弁で、体軀は堂々たる偉丈夫である。それだけに、表現しにくい特種な妖気が漂ってくる。

「それは、どういう訳で、火をべというんですか」

と、聞いたら、

「田地火はさ、ハンゼイさんの田地火ですわ」

と、いう。

「……？」

私が怪訝な顔をしていると、

「御存知ございませんか。山窩の中に、ハンゼイさまの蝮部（たぢひべ）のものがいることを……」

という。

（ハンゼイさん？）

突然に、ハンゼイさんといわれたので、私は面喰らった。それは、私に歴史の勉強が出来ていなかったからである。

お圭ちゃんは、私の当惑顔に配慮して、

「十八代さんのことですわねえ」

といった。

（十八代？　まてよ……）

私はまた、考慮百方、

「それ、歴代？」

と聞いたら、

「そうなのよ。――スイニン、ケイコウ、セイム、チュウアイ、オオジン、オオサザキ、イザホワケ、マムシタヂヒノミヅハワケ……となるんだわ」

お圭ちゃんこと、上垣和三郎君は、明治大正のころに流行（はや）ったのぞき絵の絵説師（えときし）のごとく、古い御歴代のことなどを、立て板に水で淀みない。

「オオサザキと申上げるのは、つまり仁徳さまですわ。このお子様がイザホワケ十七代の履中さまでしょう。その次が弟王（いろとぎみ）で、マムシ天皇の蝮瑞歯別天皇（たぢひみづはわけのすべらみこと）です。この十八代のマムシ天皇が反正天皇（はんぜい）でしょう」

反正（はんしょう）天皇が、ハンゼイ天皇！

（これは、勉強しなくてはならないなあ）

と、私はその一点だけで、顔が赤くなった。

「学校の教師が、ハンゼイさまの御名を、ハンショウ（半鐘）と教えますわね。あれじや、まるで、お寺さんか消防署みたいですわ」

お圭ちゃんは真顔で、ニコリともしない。

（まったく、古いことは専門の学者に……と思っていたのが間違いであった。これは恥しい）

と、私は全く恥入ってしまった。

「応神から後を、もう一度教えて下さい」

といったら、お圭ちゃんは、

「十五代がホムタ応神、十六代がオオサザキの仁徳、十七代がイザホワケの履中、そしてミヅハワケの反正（はんぜい）さまが十八代でしょう。この反正さまが、すなわちマムシ蝮（たぢひ）の天皇（すべらみこと）ですわ」

また反復して、私に諒解を要求する。

「お圭ちゃん、ちょっと先に聞いておきたいんだけど、その田地火という山窩の人、何してる人？」

と、私は性急な質問をした。すると彼は、

「田地火ですわ」

と、こともなげにいう。私が、まだ不審な顔をしていると、

「ツチカミのタチゴモよ」

という。そこで私は、

「精通しているお圭ちゃんと違って、私には田地火という火たきの先生が、何をしている人かわからないんだから、それを教えておくれよ」

　と解明を要請した。と、お圭ちゃんは、

「あんなに山窩を書いていらっしゃるでしょう。田地火とも、先生の話をしましたのよ。そしたらね、随分前に、思川（栃木県）で、瀬降の代表と先生が会見されて、発表してもよい言葉と、それに代る代用語まで諒解し合ってる仲だから、あの先生は山窩のことを何でも知ってるといってましたよ。だから、田地火といえば、もうおわかりかと思ってましたのよ」

　という。これはまた意外であった。栃木県の小山の思川の瀬降で、私は山窩の関東代表と秘密約束を結んで、瀬降用語二百語、代用語三百語を作品に応用することを諒承させたことが以前にある。それを田地火から聞いてお圭ちゃんが知っているということは、田地火とお圭ちゃんの関係が不明であるだけに意外であった。

「田地火は蛇捕りです。縄文以前からの職業ですから、ツチカミのタチゴモといって、火明命の一族よ」

　という。そのツチカミというのは、漢字以前の言葉であるから、（赤土刺）とでも当て字するより書きようもないが、それは蝮のことだ、という。タチゴモというのは、断ち薦で蝮を捕る者の掛け小屋のことで即ち瀬降のことだという。

「田地火から聞いたところを申しますと、蝮のことを太古にはタチヒといったんですね。

これも漢字の来ない縄文時代を八千年以上の昔としても、それ以前ですから、漢字では書けません。太古には、いえ、歴代のはじめ頃でも赤土の野や山を歩いていると、あの逆歯でグシリと噛まれる。それが、焼けた刃物で刺される痛さを増してくるから、タチヒというのだと言ってますから、太刀火とでも書きますか。ですから昔は、蝮を捕る役目の人間が大勢いたんです。火明命は、その首の神です。

竪穴の上に薦屋根を葺いて住みながら、転住生活をしていた縄文時代やその以前には、この国土には余程蝮が多かったと見えて、後の古書にもカマゴモ（防壁）で蝮を防いだとありますが、田地火はその蝮の防人ですわ」

「その田地火という人は、今でも蝮を捕っているのですか？」

「捕ってますよ」

彼は、大師堂の床下をのぞいた。高い床の下には、大きな柱が見えている。

「東京に蝮をもって来ると、ここへ寄って、あの柱の下に蝮袋をおいて、私と話をするのよ」

という。

「どこから来るんですか？」

「彼氏は但馬田地火ですから、但馬（兵庫県）から来るのよ」

「蝮を袋に入れて？」

「柳ゴウリに麻の蝮袋を入れて、汽車で来るのよ」

「今度来たとき、是非とも会わせてもらいたいんだけど……」

と、私はたのんだ。

「いいですわ。気むつかしい連中のことだから、話をするかどうか、そこは保証できませんけど……」

と念をおされた。

「下手をすると、ここにも寄りつかなくなりますから、機嫌をはからって、話してみますわ」

ということであった。

「その蝮を、どこに持ってゆくの？」

「仲町の千葉のうちよ。あそこが中継所になっていましてねえ、三百尾以上たまると、持ってくるのよ」

これまた意外な初聞（はつぎき）であった。この仲町の千葉というのは、火明田地伊（ほあけたぢい）という山窩の一族で、一般人化（とけこみ）して普通人名を千葉秋夫といい、護国寺の近くの大塚仲町に住んでいた。私は上垣君の紹介で、後日この千葉君とも知り合った。

「その田地火という、ここに来る人は、但馬に現在いる人ですか？」

私には大切な重要人物であるから、くどいとは思いながら、また聞いてみた。

「その人はね、但馬の瀬降の人ですが、もとは因幡（いなば）（鳥取県）田地火で、それが但馬田地火になっているので、但馬と因幡を戸倉越（とぐらご）えで往復しています」

という。戸倉越えというのは、国境を越すことを言ったのであるが、戸倉峠は播磨と因幡の国境で、但馬から若桜街道をゆくときは、但馬と播磨の国境になっている若桜峠を越して、二里（八キロ）ほど播磨の国を歩いてから、戸倉峠にかかるのである。

「あの戸倉峠から、五里半（二十キロ余）ぐらい行ったところの八東川の流域に、丹比という村があります。丹比という村は、日本中に河内（大阪府）とこの因幡にしかありませんが、この丹比が、蝮を丹治比と書いた名残りです」

　彼は、地面に指で書いて説明する。

「その丹比村を中心に、因幡や但馬や播磨で蝮を捕っているんですわ」

「これは、大へん参考になることを聞きました。それで、その人たちが、反正天皇の蝮部の末流だという訳ですか？」

「そうですよ。それには、河内の多治井部落のこともお話ししなければなりません。いまの河内の丹比村は、和名抄にはっきり残っている多治比を、丹比と書いて、タヂヒと読ませたのが誤りです。平安朝頃までは、丹比の二字をタヂヒと読ませたらしいんですが、八十代の高倉天皇から、九十六代後醍醐天皇の鎌倉時代、さらに吉野時代にかけて、いつとはなしにタンピというようになったらしいんですよ。そのことを田地火は、（それはどうでもいいんだ。河内の多治井部落は、多治比だよ。反正さまのときに蝮部のいたところだ）と言ってますから、一音三字の多治比が、ピッタリです。ここが蝮捕さんには、大切な由緒ですわね」

そういって、彼はここで膝を前にずり出して、低い声になった。

「いままでお話したこと、ヤマトのオフミでも、コジキでも、ちゃんと言ってることですのよ。でも、ぜったいに、大きな声で言えないのよ」

といった。

この初聞(しょもん)を、文字に書きとめただけでは、その時の印象や感受作用は充分に説明不能である。

私は、大和(やまと)のお文(ふみ)という女性や乞食をしている山窩がいて、そんなことを言っている――と勘ちがった訳ではない。その話の仕方が、まったくそのような語の綴りになっていたからである。

私は質問にも迷ったので、相手の次の言葉を待った。

彼は、ここでまた前にずり出て、あたりを見廻した。周囲を警戒している表情である。

「こんなこと、私がお耳にいれたこと、七生の秘密よ。一億一心総ケッキの御時世よ。もし、こんなことを私が先生と話し合ったと知れたら、先生も私も露化されちゃうわよ」

(露化とは凄味のあることをいう)

と思って、

「山窩に?」

と私が尋ねると、

「ちがうわよ、ツワモノどもの荒ぶる神たちによ。ケンペイもケイサツも、グルになってるから危いわよ。スベラ（天皇）さんのことは、本当のことを言っても、良く言っても、危（やば）いのよ」

思い出すと物すごい言論統制時代であった。

皇室の古代に触れる危険を警戒しながら、上垣君の蝮捕りに関する蘊蓄（うんちく）がつづくのである。

「オフミでもコジキでも、堂々と云っていることをですよ、国民が云ったり書いたりしたが最後、ぴしゃりの不敬よ。マムシとは何事だ！　ちょっと来い。皇室に関する不敬は、死刑だ——と来るから危（やば）いのよ。そのくせ、文部省は、国粋戦時版で、オフミさんやコジキを国民に読ませようとしているでしょ……」

ここまで聞くと、お文さんと乞食の正体がよくわかる。

そこで念を入れて追問した。蓮如上人の御文章をお文という先入観が、私の探思の邪魔でもあった。

「……そのお文さんというのは？」

彼は、私の質問を子供っぽく思ったのであろう。

「ヤマトのオフミよ。ほれ、あの教員読みの日本書紀（にほんしょき）よ。あんな読み方はないのよ。学者の読み知らずの読み方がニホンショキ。あれは歴史の史の、フビト書きのこしの、ヤマトのフミでしょう。日本書紀と漢字を当て書きしてあっても、本当の読みは、ヤマトる。

「フミですわ」

古典に明らかなことを誇示している言い方とは、まったく違った自信のある語調であ

もちろん、コジキは古事記である。

時は戦時中で、極度の言論不自由時代、場所は護国寺の縁下である。しゃがんでいた上垣君が、私の方にいざり寄ってきた。私は、音羽の電車通りを背にしてしゃがんでいたし、彼は護国寺の本堂を背にして対坐していた。

敗戦後アメリカが、陛下を雲上から引きずりおろして、すでに二十余年後の今日、全く当時のことは、追想も出来ないであろう。しかし、流れ去った二十余年を振返って当時を想えば、私においては、このようなことを永久に発表する機会などあるまいと考えていた。それを、今日こうして記述できようなどとは、予想もできなかったので、彼の言動を当然至極と納得し、私も流転三界七生まで対話の秘密を守ることを約束して、彼の知識を吸収したのである。いまでは、そのこと自体が、歴史となってしまった。

さて、彼はあたりを警戒しながら、声を低めて、私に極秘で絶対口外しないことを誓約させて、蝮天皇（たぢひすべらみこと）の史実を、古事記や日本書紀を引用して説明する。

「ヤマトのフミでもコジキでも、支那文を真似て書かれたものでしょう。だから、変なところが多いのよ。私、あれを傑作とは思っているのよ。だけどさ、信用できないところが、書紀にも古事記にもたくさんあるわよ。反正（はんぜい）さんの御兄弟の喧嘩のくだりなどは、

ずばりと書いてあるから値打ちがあるんだけど、あそこがまた、両方一致していないでしょう」

取材をするものは、その材源に対しては、礼譲を第一とし忍耐を骨として、その目的にすすまなければ学問の宝庫に入ることはできない。恭謙おのれを護持する態度が肝要である。私は、師の教えを乞う態度でお圭ちゃんに接した。

「ヤマトのフミの方を、ちょっと読んで見ましょうか」

薄暗い寺院の縁下で、彼はそう云って、眼前に紀記の本典を繙(ひもど)き語るがごとく、本文をスラスラと暗誦引証するのである。

「やまとのふみ（日本書紀）まきのつぎて、とおあまりふたまきにあたるまき（巻第十二）に、ひつぎのみこ、みものおもひよりいでまして、いまだたかみくらにつきたまはざるひまに、はたのやしろのすくねがむすめ、くろひめをもて、みめとせむとおぼしめして……（すなわち、くろひめは武内宿禰の孫娘なり――ここは即ち、お圭ちゃんの解説よ）……」

といった調子で、適切な解説をまじえながら、仁徳天皇の第三皇子が、第一皇子（後の履中天皇）の婚約者黒姫をおかした仲皇子(なかつみこ)を暗殺されて、次の皇位におつきになり、河内の多治井部落に皇居を定められ、いよいよ蝮部(たぢひべ)が出来るくだりから、蝮天皇の史実をつぶさに解明する。

「反正さまの皇居のあとが、今でも堺から奈良へゆく奈良街道の右側、河内松原に、ちゃんと残っていますわねえ。土地の人は教員読みのハンショウ山といってます。そのすぐ側に柴籬(しばがき)神社がございます。蝮柴籬宮(たぢひしばがきのみや)のあった地(ところ)です。それから、丹比村には丹比神社もございます。その北側を、大和川が東から西に流れて、泉州堺の海に注いでいますが、ここはその昔は交通のはげしかった交通河川です。

さて、この名残の土地に残っている蝮(たぢひ)と申上げる反正さまのお名前と、瀬降に現存している田地火との関係ですが、この丹と比で、タヂベと読ませる丹比が、何だか重要なポイントになる気がするでしょう。

調べてみましたら、明治二十二年四月の町村制施行のときに、多治井村、河原城村、野村、樫山村、郡戸村の六ヵ村が合併して丹比村になったんですが、これは丹比神社からもらった名前なんです。この中の多治井は、その昔に多知比といったんです。そして丹比神社は、延喜式内の古い神社で、火明命(ほあけのみこと)が御祭神です。ところが後世になって、蝮(たぢひ)瑞歯別(みずはわけ)の天皇を併せお祠りするようになって、その丹比神社の丹比を村名にいただいたわけですわねえ。その村名を、タンピといおうと、タヂヒと呼ぼうと、それはそれでいいとして、この丹と比を蝮(たぢひ)にどうして当て字したか？　そこのところが納得ゆきません。

私はねえ、センセイ、特に十八代さまに最初から興味があったわけではないんですのよ。ここ（護国寺墓地）にきてから、夢にも知らなかった田地火に訪ねて来られて、それから急に興味がわいて、図書館に行ったり、国学者や歴史の大家先生にうかがったりしたんです。けど、解らないんです。それだけで一年半も勉強しましたのよ。

生きていた古代人

ところが、それも、去年のことよ。その日も図書館で手がかりを失って、がっかりして、重い足どりでそこの坂道を登って、その登りばなまで戻って来たところ、ここ、この私がいまいるここに、その田地火がしゃがんで、私を待ってるじゃありませんか。そして、私の顔を見ると、青竹の五合入りの筒を高くさしあげて、

（キナへのキヅモを持ってきた）

というじゃありませんか。キナへというのは、気が萎（なえ）て、思議に行きづまったことを云うんです。キヅモは、気分の弾むことですの。うまい言葉でしょう。

私ねえ、もう気がうきうきしちゃって、勇気がわいて来ましたよ。そばへ寄って、

（おおきに）といって、竹筒を受けとってみると、なんと器用な鶴口をつけた筒ですの。竹の皮で作った栓を鶴口にさしてあって、その栓が竹の皮を重ねた木のようにかたい栓ですの。ぷんぷんよい匂いがしましてねえ。

（マリも持ってきた）といって、彼がふところに手を入れて、熊笹の葉に包んだ、竹で作った盃をくれました。盃のことを、マリといいますの。古い古い言葉ですわ。そして田地火は、

（三ばい目は利きすぎだ、二はいだ）

ときめつけて、私に注いでくれました。

（おお、うまい。これ、タヂカミ？）

と聞きますと、彼はだまってうなずきました。タヂカミというのは、蝮酒（まむしざけ）ということですわ。タヂヒのヒと、醸（かもし）のシを省いて、カモをカミと転訛させて、蝮酒のことをタヂカミというんです。

（この中に蝮（たぢひ）がはいってる？）

ときいたら、

（キヨカだ。オシタヂ、オロトで、コナモドリだ）

と答えました。

おわかりになりますか？　キヨカとは上澄みのことで、清い川又は清香ということです。オシタヂは、漬蝮（つけまむし）ということですの。漬物のことを押しものというでしょ。オロトは、大きな蛇ということで、コナはこの穴、モドリは不通の意味なのよ。

蝮酒は、土瓶（つちがめ）に酒糀（さけこうじ）を仕込んで、生きている蝮を入れて、蓋をして悶死させて醸（かも）すんです。三年も五年も、山の大木の根元に埋めておいて作りますが、それよりも上等なのが、ミカモという果実酒（このみざけ）です。私がもらったのがミカモの方だから、それは良い味でした。これは本当のカミ（嚙み）で、嚙んで吐き出しても溜めるし、ぶどう、山桃、いちご、あけび、ぐみ、など何でもうまい果実をぶちこんで、その中に蝮を入れて、天然醸しにするんですわ。そんな気ながな、仙人づくりのものを、折角とどけてくれました。

私は、二杯のむと心がふくれてきて、妙に嬉しくなりました。みていた田地火は、自

分も一杯のんで、嬉しそうな顔になって、

（何ぞ、キナへなことがありますけ？）

ときくので、無学な田地火にはお門ちがいとは思ったが、

（あんたから、田地火のことを聞かされて、急に田地火のことが気になるので、古い書物を調べてみたら、いろんな漢字が書いてある。その、どれがほんとか、わからなくて、今日も上野の図書館へ行ってきたが、蝮を丹比と書いた意味が、まだわからない）

と私が、キナへの訳を打ちあけたら、猿面の田地火が、顔をくしゃくしゃに拡げて、からからと笑います。

（そんなことでキナへちゃ、学者はウッツキだ！）

なんと、私を馬鹿だというんです。ウッツキは、奥津城にいる死人に対し、現存している死人という意味で、呆けたことをいうんです。平たくいうと、バカということです。

私は、ちょっと不快になって、

（それじゃ、そなた、知ってるかい？）

といったら、田地火は怒りました。

（知ってるかい？……。そなたは、こなたを試めすのか）

と、血相かえて睨みます。私が、

（ごめん、ごめん。知りたいあまりに、口がすべった）

とあわてて謝まると、

（教えてくれとは、いえないのけ？）

ときました。

（田地火さん、たのむ）

と、私が手を合わせると、むくれた顔のままで、

（タンヒという言葉は、瀬降のコトツ（伝承）にあるんだ。だけど、蝮のことではない。蝮を捕って、這う虫の禍いを解きっ放ってきたのが蝮部の首だ。大和や難波や河内は、蝮の多いところだから、蝮部の首が因幡や但馬から召されて、蝮の季節に、守人になって、蝮を捕ったんだ）

田地火が、訳もなくぺらぺらと説明するのには驚きました。なるほど、そういわれてみれば、丹はあかしで、燈明の光の意味もあるでしょう。それに、赤色の赤の意味もあるし、比はその一類の意味もあるし、一音の火の意味であり、田地火の云ってることは、なにも字解をいってる訳でもなし、事物の伝承の伝言ですけど、すらすらと説くことそのことが、すべてを解明しているのでびっくりしました。

なお、そのとき私（上垣）が、田地火に、

（ホアケノムラジは、火明命の、あのムラジだろうか？）

と聞きますと、かれ田地火が、

（そなたの五代前は、火明田地火じゃないですか。但馬の火明で、蝮を捕って売っていなさった）

と、見て来たようなことを云うではありませんか。誰だって、突然に、そんなことを云われると、本当に驚きますよ。しかし、私はこれが始めてではないのです。これより前の昭和の初めに、突然私を訪ねてきた田地火が、

（そなたは、五代前のわれわれの一族だ。今度地戻ったから、これからもちょいちょい来さしてもらう）

といって、私は私の氏の素姓を聞かされまして、まったく驚きました。地戻ったというのは、青天井にもどったということで、私の五代前の先祖までは瀬降にいて、四代前が、但馬出石で白化けて（一般人になって）蝮の粉と生薬を売っていたが、三代前がトベナヒ（まじない師）を、片手間にやっていたというんですから、私はますます寒さをおぼえました。

　そのトベナヒが大へん繁昌したので、それを見ていた二代前の父が、黒住教の神主になりました。そして神主をしながら、弁護士の下仕事をするようになって、いわゆる三百代言になり、財産もつくり、家屋敷も大きく構えて、長男の私をはじめ、弟妹たちもそれぞれ学校へ入れてくれましたが、北家藤原の末裔になっている私の家の系図を調べてみたら、それが父の作った偽わりの系図であることがわかりました。とにかく、私の五代前が、但馬の火明田地火であったことを知らされて、私は仰天しました。

　祖父の代から名乗った上垣姓は、柴籬宮に奉仕した二部制の名で、上垣、下垣と分れ、因幡、但馬の火明田地火が上垣で、大和、河内のものが下垣であったというのです。し

かし、血はあらそえず、系図をまことしやかに作ってみても、長い流れのうちには、どこかで木地が出て、先祖反（がえ）りをするものと見え、蝮から青大将は生れませんわねえ。だから、私は床を下りて、地面に戻ったんですのよ」

といった。

それは、あたかも他人のことを言うような、自己客観に徹した言い方であったが、こんな不気味な事実は、山窩の研究途上における最も貴重な資料であった。

われわれ日本人の、個々の原始を窮極することは容易なことではないが、その中において、きわめて古い原始生活をつづけている山窩社会の実態の中から、一般社会に混和した一つの実態が、ふたたび原始に、その本人の意志の有無に関係なく、自然坂戻をしてきた事実――この不気味な実態こそは、単なる机上学ではなく、活きた実際証明学である。

この上垣も、瀬降にもどれば、新入りのザボ（飛入り）待遇を受けるのであるが、彼は瀬降には戻らず護国寺の墓地に住んで、一銭の収入にもならない長唄や古典情事の英訳をしたりなどして、生を楽しんでいるのである。

われわれの常識としては、故郷の邸宅にもどって教員をしていたら、その方がよっぽど幸せであろうと思われるが、本人が帰る意志がないのである。

破れ三味線を抱えて、英語の長唄などをうなって、盛り場をめぐって、一ぱいの安酒をたのしみ、酔っては墓石を枕に青天井のもとに寝る。

そこへ、五代前の一族が慰問に訪ねてきて、生気をたくましくする蝮酒をのませる――というのであるから、その血と気の真相は、とても常人には端倪（たんげい）することはできない。

以上の次第で、私はこの〝地戻り〟に接触して、蛇捕（ムシヨケ）と称する山窩の蝮捕り専門家のいることを知り、その話を辛棒づよく聞いたのである。

また、後にこの上垣君の紹介で、但馬田地火（但馬の蝮捕仲間の親分で、普通人名但馬多治彦という）因幡田地火（同上因幡の親分で普通人名因幡多治平）にも会い、山窩の伝承（史伝（ことつ））をいろいろと知ったのであるが、それはみな、上垣君の通訳と解説を得なければ、到底理解できないものであった。

そのくわしい内容は、私の論文「サンカの社会」（朝日新聞刊）に詳述してあるから、ここでは省略することにする。

とにかく、この奇怪な風来坊に邂逅（めぐりあ）ったことによって、私の山窩研究は飛躍的に前進した。その上垣和三郎君も、今から十年前の昭和三十一年、住みなれた護国寺のねぐらで、数奇なその生涯を閉じたのである。享年五十八歳であった。

もちろん、天涯孤独の風来坊を以て任じた変りものだっただけに、その身許引受け人というような者も現われず、その役を買って出た私が、施主になって葬式一切を引き受け、護国寺の岡本管長さんの導師で、彼お圭ちゃんの霊をとむらったのである。

ＮＨＫの藤倉君は、上垣君の生前に、社会探訪で彼の英語長唄などを録音放送した関係から、その葬式にも参列していたが、街の人々に愛された彼の葬式には学者たちの参列者が多くまいって、花束も多数に献花されたのである。

護国寺の墓地に棲む
お圭ちゃんこと上垣和三郎君

第七話

板橋に山窩を瀬降らす　大利根元吉のこと

おらァどやつきじゃない

昭和九年四月七日――。

桜の花が散って、木々の新芽が伸びかけた春も夕暮れのことだった。

私は風呂場の横で、冬ごもりをさせておいた芭蕉のおいを取りのけていた。と、門の戸が、がらがらと開いて、はなはだ風体の怪しい一人の男が、そうっとはいって来た。

(物乞いだな?)と思った私は、

「ごめんよ」

と芭蕉に目をもどしながらいった。だが、男はいっこう聞こえぬふりをして、門の戸を閉めて、ぺこんと頭をさげるのだ。

瞬間、私は、(山窩の元吉だな)と思った。

「お前さんは、元公とちがうかい？」

そういうと、男は、

「元ですげ」

といって、またぺこんと頭を下げたのだ。

「小束（おつか）の旦那が、こちらさまで御用があるから、面（つら）ア出せといいましたぜ」

と、まことに丁寧な言葉である。

私は、（やっぱり山窩だ）と思いながら、

「そうか、国八さんの紹介でね……」

といって、台所からあがって、縁側に廻ると、すでに庭に廻っていた元公は、南側の置き縁にはかけずに、縁の下から古瓦の欠けたのを引きずり出して、尻にしいて、竹煙管のガン首から、ぷくぷくと煙を吹かせていた。

「こっちにかけないか」

置き縁に招いても、

「ええです」

といって、縞の袋の中で、苺（いちご）の葉や蕗（ふき）の葉を切りまぜた自製の煙草をひねってばかりいる。その香りのうまそうなといったらない。

「小束の爺さんからも聞いただろうが、しばらく板橋に瀬降ってもらえるかね？」

と、私はいった。

「オツカん旦那にゃ、いかい世話になっておりますんでなア」

元公は、竹の根でつくった煙管をプスリと吹いて、吸いがらを左の掌にころがした。

このオツカん旦那というのは小東国八老のことだ。私は国八老に、

「山窩の生活状態を研究したいから、性質のいいのを一人か二人、私の家に寄こしてもらいたい」

と頼んでおいたのだ。そのとき国八老人は、

「大利根の元吉なら、素直な男だから……」

といって引きうけてくれたのだ。その元公が来たのだから、私は大へん有りがたく思った。

「いつごろまで、いてくれるかね」

「気が変るまでは、いますぜ」

いうことが変っている。

「こっちにいる間の、生活費は、私がもつから、岩ノ坂の〝石福〟にでも泊ってもらおうか」

私は石福という、一日十五銭の木賃宿の主と懇意だから、そのことを説明した。と、元公は、

「おらア、どやつきの方じゃないんだよ、旦那」

というのである。私は（これは、いけなかった）と思った。山窩には、大別して二種

類ある。一つは〝宿附山窩(どやつき)〟であり、一つは〝瀬降山窩(せぶり)〟である。元公は、その瀬降山窩だったのだ。

「それじゃ、当分の小遣銭(こづかい)でもあげとこ」

私は立ちあがると、

「おら、いらねえよ」

と腰をすかして、手で引きとめるしぐさをした。そして、

「おら、ちょっくら、瀬降場を見つけて来ます」

といって、私の足もとに、小さな包みをおいて、ぷいと出ていってしまった。

その紺の麻糸でぬいつぶした布包みの中には、〝山刃(うめがい)〟よりはずっと小さい〝オイソレ〟という小刀と、安全剃刀の刃のように、薄刃で出来ている〝コベル〟という小刀と、錐との三ツ道具がはいっていた。

この道具は、藤蔓(ふじづる)を裂いたり、桜の皮を剝いだり、箕の編目をすかしたりするときに、それ相応に用いる道具だ。

私は、この道具を見つめながら、国八爺さんから聞いていた元公の話を思い出した。

この元公は、千葉県印旛郡公津村の農家に生れて、十五の年に山窩〝鬼虎〟の身内に入って、箕づくりになったが、その後二度ほど窃盗をやったことがある。だが、今では真人間になっている。

由来千葉県は鬼熊なども出ているが、この山窩〝鬼虎〟の罪悪の始末は言語に絶した

ものので、古い巡査の思い出話に、今でもちょいちょい出るそうだ。鬼虎は、七十の坂を越したばかりだが、今でも多古の山奥で、おとなしい余生を送っているということだ。

私は、家のものたちを相手に、そんな話をしているうちに、いつしか夕暮れは迫っていた。

靄（もや）のように消える元公

門の戸車が、またごろごろときしった。と思うと、元公は降って湧いたように、庭に突っ立った。

「そこんとこの川端に、いいところがありましたげ」

誰にいうともなくそういって、私の立っている縁の下から、焜炉（こんろ）の古いのを、犬の死骸でもつまみ出すみたいに、ずるずると引き出して、

「これ、下っせえ」

と私の顔を仰いで、門の外に運び出した。そして、すぐひき返してくると、今度は書斎の横から裏に廻って、便所の横の物置に入った。しばらく、かさかさと音をさせていたが、古びた醤油樽を抱え出してきた。以前、私が植木の水溜めに使っていた一斗樽だ。

「これも、くだっせえ」

私は、少し無気味だった。便所の横の物置を知っているのは、家のもの以外は清潔屋だけのはずなのに、今来たばかりの元公が、自分の家のように、すらすらと事をはこぶ

のである。

「どうして、それのあるのを知ってるんだ?」

「区役所の垣根のすきまから、見といたから……」

私は(成るほど)と思った。垣根一重ごしで、裏が板橋区役所になっている。そこからいつの間にか、私の家をさぐっていたのだ。

彼はその昔、〝深更師(ふけし)〟という忍び専門の泥公だった。それをやる時は、いつもこの手で、押しいる家の構造を調べておいて、鬼歯という兇器を使って、ことを成就させていたのだ。

元公は、樽の底を、かさかさと掻きまわして、とんと伏せて、ゴミを捨てた。

「旦那、おくさり(味噌)とおしゃり様(米)を下っせえ」

その樽を差し出していうのだ。

私は家のものに、米を風呂敷に、味噌を経木にくるませて、樽に入れてやると、また、すうっと消えてしまった。まるで、庭の下草の中にでも吸いこまれたみたいな、魅惑的な行動である。

私は、すぐあとを追っかけた。

隣の某刑事さんの家の前まで出たとき、じめじめした演芸場と床屋との間の路地を、飄々(ひょうひょう)とゆく後ろ姿がよく見えた。だがさっき持ちだした焜炉は持っていなかった。だから私は(連れがあるんだな)と思って、それを見きわめようと思い、いそいで追っかけたが、どうしても追いつかなかった。

中山道を踏みきって、観妙寺の門をくぐって、寺の庭を右にぬけて、墓地から杉林に出た。またその先の墓地まで行ったが、そこで完全に見失ってしまった。

清水の涌く藪蔭

翌朝の五時、まだ外はうす暗かった。私は家の女たちのさわぐ声で目がさめた。

私の家の門の外を、誰ともわからないものが綺麗に掃除してあったというのだ。私は、すぐ出てみたが、一目でそれは元公の仕業であることをすぐ知った。笹箒を使って、打水までしたらしく、青い笹の葉がそこここに落ちていた。

私は朝飯をすまして、昨夜と同じ方向に向かって元公を探しに出かけた。

昨夜見失った墓地の端れから見わたすと、ひろびろとした三五ノ原が、赤羽の火工廠を北詰めにして、西から東にひろがっていた。火工廠の丘には、葉桜が美しく燃えていた。

私は原の片隅に、ポツンと建っている府立九中の裏から、だんだら下りの原を陸軍工科学校の前まで歩いた。

そして、行く手に横たわった清水の流れている溝にゆき当ってたたずんだ。

その溝は、玉ノ井の例のバラバラ事件の死骸の一切れを捨ててあった溝なのだ。工科学校の土手の中からは、すさまじい剣道の掛け声がひびいてくる。声を絞るような変なひびきだった。

溝を飛び渡って、金沢橋の上からのぞいてみた。が、元公の瀬降らしいものは見当らず、広大な火工廠の中を抜け流れる石神井川が、鉛のように重く流れているだけだった。

また原に引き返して、南に向かって改正道路の方へ歩いた。そして野球場を抜けたが、そこらにも元公の小屋（せぶり）らしいものは見当らない。

私はしかたなく、もどった。私の家の前までもどると、そこに、元公がうろうろしているのだ。

「お前さんを、探しに行ったんだよ」

私が笑いかけると、

「知っとりますげ」

というのだ。

「三谷（みや）の徳蔵が大宮にいきますので、いっしょに原を抜けるとき、旦那が、工科学校のところにいるの見かけましたげ」

「三谷の徳蔵って、誰だね？」

「昨日、表までつれて来た箕づくりだげ。俺（おい）らの女房（きやはん）を呼びに行ったんで、すぐ来ますげ」

「おかみさんを呼ぶのかね？」

「いま瀬降っているところが、めっぽう気にいりましたぜ、しばらく腰をすえてえと思いやす。そのことをいいに来ましたげ」

「今朝、表を掃除してくれたのは、お前さんだろ？」

元公は、これには答えなかった。

「お前さんの小屋（せぶり）を知っときたいんだ。見にいっては、いけないのか？」

「かまわないげ」

元公のあとから、私はついていった。

昨夜追っかけた観妙寺の前まで来ると、元公は昨夜とちがった道にそれて、あいまい屋（女郎屋）と新築中の床屋との間をこそこそとはいっていった。私は変に思って、

「おい、その向こうは竹藪だよ」

というと、

「なアに、垣根がとれますげ」

といって、さっさと行くのだ。なるほど、一反歩ほどの竹藪をめぐらしている垣根が、一間巾ほどこわれているのだ。

私は、十年近くもこの板橋に住んでいるので、大ていの地形や地物は知っている。しかもそこは警察のすぐ横手であるし、私の家からは二百メートルほどのところだし、朝晩警察に（取材に）出入りしている私だから、ことにその辺はよく知っていた。しかし、藪の垣根がこわれていることは、全然知らなかった。それは、新築工事のため、急に取りこわしになっていたのだ。

そうした異状を、元公は霊感にひとしい不可思議なカンで、ちゃんと知っているのだ。

こうした不可思議は、山窩の習性から来たものである。

「ここを抜けると近いですげ」

元公は、その垣根の破れたところから中にはいった。
五、六歩はいったところに、建築材料の切れっ端しが捨ててあった。元公は、その五寸角ほどの欅（けやき）の角材を素早く拾うと、左の小脇に抱えて、とことこと山を横にきった。
少しゆくと下水のところに出た。そこがすでに原のとっかかりであった。

板谷商船の社長が所有しているという三五ノ原には、腰丈ほどの篠笹が一面に密生していて、その中に径（みち）がついていた。その径をちょろちょろとゆくと、展けた湿地の原である。

「そこですげ」

元公の指さす方を見ると、赤羽線の線路と鉄橋とが額に迫って、その向こうがわにガスタンクがそびえているきりだった。

そして、すぐ私の立っている左側の崖下には、さっき覗いたばかりの石神井川が朝の薄陽を浴びて光っている。川の位置は金沢橋から二百メートルほど川下だった。

「どこだね？」

「ここですげ」

元公は原の崖ぶちをおりた。

「変だねえ？」

私は咳きながら崖ぎわに立っていた。崖はゆるい傾斜になっていて、密生している篠笹を娘の桃割みたいな恰好に結んで、狭い道をあけてあった。

私は、ようやく判ったような気になって、足数で五、六歩おりると、崖は四、五メートルほど急傾斜になっていた。おり口に生えている子供の腕ぐらいのはぜの木につかまっておりると、川っぷちに三畳じきほどの段が出来ていて、そこに至極結構な瀬降がしつらえられてあった。

篠笹や小さな樹木を冠っているので、上から見ると絶対にわからないが、下から仰いでみると、すっかり浮世ばなれがしていて、仙境じみた感じであった。しかも北向きだのに、朝日がどんよりと溜っていて、すぐ目の下の川面からは、紫色の太陽が照り返っていた。

瀬降はきわめてささやかで、ほんの身を入れるだけのものだが、つくり方は二本の棒を三角形に立て、その上に一本棟木を横たえ、それに天幕をかぶせ、床には藁をしき、うすべりを延べた本格的の瀬降であった。

元公は、中にもぐりこんで、くるりと膝をまわして、ちょこなんと坐ってみせた。その姿は、どことなく飄逸で、豊かで、悲哀もなければ歓喜もない、実に淡々とした顔だった。

「北向きが、少し気になるじゃないか」

私がいうと、

「なアに、陽さえあたりゃ、ええことになっとりますげ」

と、すました顔だった。

「おれも入れてもらうぜ」

私が顔を入れると、元公は崖ぎわに退った。

私は元公を後にして、瀬降の庇（ひさし）から北の空を仰いだ。雲のかたまりが、東の方へゆっくりゆっくり動いてゆく。うすべりの下からはぽかぽかする地熱が感じられ、何ともいえない長閑（のどか）さの中に私の気持はとけこんでしまった。

ふと川面に目を落とすと、鈍い流れの上で、水すましが盛んにフィギャースケーチングをやっていた。（春だ、春だ）といっているみたいに、くるくるくるくる水の面に円を描いているのだった。

なるほど春だ。向こう岸にこんもり茂っているくぬぎ林にも、処女の肌を思わせる新芽がやわらかく燃えていた。

「こんなところが、すぐ見つかるのかい」

「すぐ見つからなきゃ」

屈託もなく、元公はいう。

そのアクセントには、美しい夢のような響きがある。

私は（食べ物に関することを細かに見たい）と思って、瀬降の中を見まわした。

昨夜持ってきた焜炉には、火を燃やしたあとがあり、後の崖に掘った棚には、篠竹をパラパラと並べて、その上にアルミニュムの鍋が一つと茶碗が二つ伏せてあった。

私はそれをじいっと見つめているうちに、いちいち元公が好きになった。自然のままに生きている元公、川の流れのような元公、そんな感じがしてたまらなかった。

（この元公が、もしも美しい山窩の女であったなら、すばらしいロマンスも聞けるだろうに……）そんなことさえ思った。

「変てこでごぜえますけ？」

私が、茶碗に見とれていると、元公がふりかえった。

「感心してるんだ」

「清水（みず）の湧いてる場所さえあったら、俺らは大ていのところなら小屋り（せぶ）ますげ」

（水？　そうだ、私は生活に欠くことのできない水のことを忘れていた）

「ここの水は、いい水ですげ」

そういう元公について瀬降を出た。瀬降から足数で西に五、六歩行ったところに、築庭にあるような小さな谷があった。足もとから二メートルほどさがったその谷には滾々（こんこん）と清水が音たてて流れていた。そして、どこから拾って来たのか、屋根樋（どい）を掛け樋にして、私の家から持ってきた醤油樽を下にすえてあった。

水は清冽で、あふれかえる樽底には杉の柾目がはっきりと見えていた。私はそこから上を見あげた。おりてくるためにつくった七、八段の足場が、田舎の井戸端の感じそっくりだった。樽のまわりでは、米をといだあともみとめられた。

「米や味噌など、遠慮なく取りにおいでよ」

私がいうと、元公は、

「昨夜は急だったでお貰い申したが、あとは結構です。おいらもこの土地に、ちいっとばかり用があって来ましたんですから……」

という。

「用って何だね」

「へへえ、何でもねえこった、へへえ」

元公は樽の底に目を落として言葉を濁した。

私は、深く追及もしなかった。

あとでわかったことであるが、瀬降を嫌って家出をした二人の子供（銀座でダンサーをしているという噂のおりんと、やはりどこか水商売の店の用心棒をしているらしい岩吉の姉弟）を探すのが、元吉夫婦の東京へ出た目的であったらしい。

生活苦のない瀬降

さて、それから三日たった。陽が大分西に傾いていた。私は仲よしになった元公を瀬降に訪ねた。元公は酒好きのことを知っているので、一升徳利をさげていった。彼は瀬降の横で、篠笹を短く切っては揃えていた。私は、

「それは、何だね?」

と聞いた。

「これですけ? 旗棒ですげ」

という。(旗棒?)私には判りかねた。

坐った周囲には、篠竹をうず高く積んであるが、それは鉛筆よりも細い三五ノ原の篠笹である。

「旗棒って何だね?」

「ホレ、店屋で子供にくれる旗の柄ですげ」

「ホウ、そんなもの作って、どうするの?」

「三河島に一軒、これを買ううちがあるんですげ」

「なるほどねえ。こんなものが金になるのかねえ」

私はしゃがんで、手で寸法をはかってみた。

「尺三寸に切って、一束五百本にくっておけば、十銭はよこしますがね」

すでにその束は、百把以上も出来ていた。

「十銭ね、十銭だとすると、十束で一円、百把で十円じゃないか」

私は意外に感じた。この仕事は、私と別れて三日間での仕事である。(当時の十円は、昭和四十一年の今日では一万円以上に相当するだろう)

しかも、資本いらずの、うまい仕事である。

原の篠笹は、邪魔もの扱いされて、たまには火をさえかけられることがある。だから、それを切ったからといって、誰にもとがめられはしない。元公のやってることは、生活苦にあえいでいる人間たちへ、一種の皮肉を浴びせているみたいなものだ。

そう思いながら見ていると、五、六本ずつ一断ち一断ち刻むその腕には、超常識なひらめきさえ感じられる。

(面白いなア)と思って、一心に見つめていた私は、突然頭の上で、ばさりという物音を聞いた。ふり仰ぐと、崖の上に、秋の枯野を思わせる一人の女が、キュウと縛った篠笹の束を抱えて、かがしのような無表情で突っ立って、じいっと私を見下ろしていた。

「おかみさんだな?」

私が聞くと、元公は私に答えず、女に、

「旦那だよ、ミスミ先生だよ」

といった。と、女は急に笑顔になって、

「そうけ、元公が、お世話になりまして――」

と手拭をとった。やっぱり女房のお牧だった。お牧は、三十七、八の丸い顔だ。薄鼠色の色ざめた紺股引をはいて、盲目縞の布子を着ていたが、もうずい分長く着ていると見えて、風雨にさらされた光沢に天の光が輝いている。

私は、その着物よりも、錐で突いたようなそばかすの浮いた顔と、その白い皮膚と、お世辞のよいのに気をひかれた。

「おかみさんですか？」

私も会釈をかえした。

「オッカン旦那には、いつも御厄介になってすみません。さあ、これになとお掛けなされよ。立ってると、足がすくれますげ」

抱えもどった篠竹の束を、私の尻に廻してくれた。

名もない谷から村へ、そして村から里へ野へと、鳶（とんび）のように調和して飛んで歩くこの女は、この土地に来れば来たように、またこうした調和を見せて、ものをいうのだった。

「ありがとう。さっきから、この仕事が面白くてここで見てたところだ」

そういって、私は笹に腰をおろした。

「つまりませんよ。でも旦那、遊んではいられんからね、何かしてないと」

お牧はそういって、手拭を腰に挟みながら小屋の方に行ったが、腕にさしていた山刃（うめがい）を瀬降の中に投げこむと、荒縄でしばった鬼薊（おにあざみ）の束をさげて、掛樋の窪（くぼ）みにおりていった。

「元さんや」

私は元公と呼ぶのを改めた。

「邪魔でなかったら、今晩いっしょに飲みたいと思って、これさげて来たんだが、受けとってくれるかい」

私は、徳利を差しだした。

「そうですけ」

元公は少しばかり笑って、

「お牧！」

と、下の掛樋に声をかけた。

「これを下さるちゅうが、何かさかなはねえけ？」

と徳利をさしあげて見せた。

「そうけ、これでも出そうけ」

「早うしねえよ」

元公は、もう一度徳利を高くさし上げた。

夢幻の世界の王者

女房のお牧は、笹の葉や木ぎれを燃やして鬼薊をうで殺した。薊は生（な）まのときよりも、一そう深い青みを帯びて、ぐったりと鍋ぶたの上に伸ばされた。熱のさめたところ、お牧はそれを清水（おいそれ）ですすいで、また鍋ぶたにのせて、ぴかぴかセピヤ色に光る小さな竹筒を二つと、庖丁とを持ってきた。

そして、鬼薊をジクリジクリと切って、竹筒からはとんがらしの粉とも山椒の粉ともつかない粉をパラパラと振りかけ、それからもう一つの少し塩じめりのした方の筒からは、まじないほどちょくちょく赤黒い液を振りかけた。

「おいらのつくったものは、お口に合いませんよ」

お牧はそういって、私たちの前に欠けた御飯茶碗をおいた。

「さあどうぞ、はさんでくだはれよ」

鍋ぶたにのせたご馳走である。

「ありがとう。では私もお酒のお毒味をするかなア」

私は冷酒をぐっとのんで、

「さあ、元さん注ぐぜ――さあ、おかみさんにも……」

と夫婦についだ。お牧は私になみなみと注がせながら、

「これをやって下っせえ」

と鬼薊をすすめる。私が躊躇していると、元公が口にほうりこんだ。そして指を舐める音をスポンとさせた。

私は、匂いを嗅ぐわけにもいかず、鼻からの息をとめて、丸飲みにして喉を酒で洗った。それでも尚くさい臭気が、喉から鼻にワカワカと靄になって湧き上った。

「振りかけてある粉は何だろうか?」

私はまじめくさってお牧に聞いた。

「旦那はじめてですけ?」

お牧は元公の顔を見ていう。

「はじめてだが?」

私は少し不安だった。

「そうじゃ旦那、大へんだ」

元公が至極真顔でいうのだ。

「旦那ア、蝮の粉ですげ」

お牧はくすぐったそうに笑った。私は瀬降の入口でそよ風に揺れているお牧の腰紐が、何だか粉の正体みたいな気がした。

「薬ですよ、旦那。蝮酒さえ出来ている当節だもの、これはむくですげ」

野性的な美しい皮膚を誇るようにお牧はいうのだ。私は腹の底が熱くなるような気がするので、ぽかんと空を仰いだ。

と、その時だった。(おや？)とお牧が膝をたてた。元公も瀬降から首を出して、

「早えもんだ、ほいほい」

といいながら、ぱちぱちと手をたたいた。

私は何ごとかと思って、外をのぞいてみると、川の向こうに笊を首にさげた黒いポインターらしい犬が、渡り場を探しているのだ。

「そっちそっち」

元公が手を振りながら、犬のように急いで東側の鉄橋の方に駈けのぼった。

すると、犬は鉄橋を渡って、ちょろちょろと尻尾を振りながら飛んできた。

首につるした笊の中には、五十銭銀貨が六つ入っていた。

「やっぱり一把十銭に売れたのだよ、助かる助かる」

お牧はそういって、犬の頭を撫でながら、

「庄吉を連れて来ないけ」

と元吉にいった。

「ほい来た」

元公はまた上に登って、三五ノ原の方に飛んでいった。

やがて元公は、両足とも膝の先からなくなっている達磨さんみたいな男を背負ってきた。その姿は、およそこの世の人間ではない。どこか人間界の隣の世界からでも来たらしく思われる不思議な人間だった。

仏像のようにもじゃもじゃとなった髪、垂れさがった眉毛、頰にも鼻の下も顎にも一様に黒い太い毛が生え茂っている男だ。

着衣はよれよれの黒味がかった微光の錦だ。よく見ると、それはもじりの老衰したものだった。

しかし顎や頰に垂れている髯は立派なものだ。これがこの世の人間なら、卵などで洗って充分大切にして自慢にもするだろうに、この足のない男は、それをごみやほこりに埋めて、その底に奇妙と夢幻とを秘めている。どう考えても、このひびきは、幽幻の国の華美（？）の花園から迷い出た王者が、現実の帝都の片隅に迷いついたとしか思われない。

王者は、元公の背からずり下りて、膝から先のない足をちょこなんと並べて坐ってい
たが、腰がすわらないと見えて、お牧に笹の束で後から突っかいをしてもらった。

私は茶碗を差し出して、

「一ぱいどうだね？」

と、すすめてみた。

彼王者は、鋭利な眼で私を見ていたが、しずかに両手で茶碗を受けとった。

私は、その異様な顔とは似てもつかない、美しい掌に驚きながら徳利を傾けた。

「すまねえです」

いただいて、ぐうっと干すと、茶の湯の手つきで、目の前で茶碗を一廻しして、肘を
大きく張って私にかえした。

その動作からして、この王者は、私のことはすでに知っているらしかった。

「それで庄吉、一把十銭で売れたのけ？」

お牧は尻あがりのアクセントで、王者に話しかけた。

「大いばり、篠の性（しょう）がいいから、今度からは十一銭で買うといったぜ」

王者は得意だった。

「ありがたいねえ――」

お牧は鼻をくすらせて、茶碗を王者に渡した。

「庄吉に五十銭やんねえ」

元公がいったが、王者は、

「いらねえよ」と手を振った。

「とっときなよ」

　お牧は、犬の笊から受けとった三円五十銭のうちの五十銭玉一つを王者に渡した。王者はそれをもらうと、

「そいじゃごめん」

　と、みんなに挨拶して、大きな両手を元公の肩にかけた。足があったら五尺七、八寸（一七五センチ）の背であろう。それを人一倍小さい元公が負んぶして崖をのぼる。あとからお牧が尻を押してやる。

　崖の上には、黒犬が曳いているゴム輪の三輪車が待っていた。さっきのポインターがおとなしく三輪車を守っている。庄吉王者は、その三輪車の王座の上に、そっとおろされると、

「さあマルよ」

　と笊をつるしたポインターの首輪に、先曳きの綱鉤をひっかけた。

　そして笊の中には、種銭（たねせん）を三銭投げ入れた。街道で喜捨を求める種銭だ。

　王者は、二匹の犬に曳かした車の把手（ハンドル）を左手に握ると、

「それよ」

　と声をかけた。その奇妙な姿は、やっぱり夢幻の世界の王者だった。

曳き綱が緊張すると、三輪の王者は徐々にすべり出した。先曳きと本曳きの二匹の犬は、よく呼吸が合った。足もそろった。

こうして、静かな場末の町を背景に生きてゆく王者は、そのままメロドラマの主人公だ。

あとで聞いたことだがこの王者はお牧の弟で、不具の身体を盛り場や人通りの多い路傍にさらして、道行く人の喜捨を乞うているのである。元公の旗棒つくりも、庄吉が裏町で得た生活知識の新商売だった。だから自分が売りさばきに手伝っているのだった。私はいつまでも王者の去りゆく東の空を眺めていた。いぶし銀の霞が、ゆらりゆらりと揺れる美しい夕暮れである。

去っていった庄吉は、急に憂鬱(メランコリー)な沈黙を装おって、剽軽なマルの笊に投げられる一銭二銭に、右手を胸のあたりに構えて一礼しながら、今夜の酒代のあがりを勘定するのであろう。

さて、私は、ここに集まる幾人もの山窩の連中と親しくつき合って、ふんだんに面白い話を聞くことが出来た。それらは何編かの読物にして発表した。

元公は約一年間ここ板橋の私の家の近くに瀬降っていた。その後娘のおりん、倅の岩吉の消息もわかって、上州の方へ場越しをするまで。

私も間もなく板橋から雑司ケ谷の鬼子母神近くの現在住んでいる家へ引越した。そして朝日新聞社も退めて、作家生活にはいったのであるが、当時私の小説の挿画を描いてくれていた宮本三郎画伯（現芸術院会員）が、是非一度瀬降を見たいというので、私が案内したときの話を述べてみよう。

第八話

尼僧のお産　熊谷直実の恋

瀬降の異変

あれは昭和十年、たしか六月の中旬だったと思う。帰りに、櫟（くぬぎ）林の中に咲いていた妖精のような白百合を採ってもどったのを覚えている。

それも夕方だった。薄紫のもやが、夢の世界のように漂っている板橋の三五ノ原をぬけて、金沢橋を渡り、竹やぶの縁をめぐって、一度瀬降を見たいといっていた宮本三郎画伯を案内して、私は櫟林にぼさぼさと足を踏みこんだ。

約二丁（二百メートル）ほど歩くと、櫟林が急に崖になっていた。そこをすべり降りた宮本画伯と私は、石神井川の川縁に立ったのである。川縁といっても、木の葉がくれに隙見をしようというのだから、やぶかげの川縁であることはいうまでもない。

足もとの川は、セピヤ色にくすんで、鉛のように重く流れている。その川の向こうの崖に引っかかったみたいに、北向きに掛けてあるのがすなわち元吉の瀬降であった。前にも述べたように、元吉は箕づくりを嫌って東京に逃げてきたおりんと、その弟の岩吉を探すために、ここに瀬降をつくっていたのだ。姉はダンサーから「浮巣ふみ」という海賊の女親分（？）になり、弟の岩吉は銀座あたりの盛り場の不良だった。このことは、かねがね宮本画伯にも話してあったので、私は、

「あれですがね」

と向こうの瀬降を指さした。指さしながら私は、何だか瀬降に異状の起っていることを発見した。というのは、その前日、私の家の隣に住んでいる栗原という刑事の息子で写真屋になっている人に、この瀬降を撮影してもらったが、その時はちゃんとした瀬降だったのに、何だか位置が変ったり、天幕が外れたりしている。私は、はなはだ不審に思った。

　宮本画伯はそんなことは知らないから、伸び上がったりちぢんだりして、木の葉がくれに透し見しながら、

「なるほど、瀬降って自然的なものですねえ」

と、さっそくスケッチ・ブックを取出した。しかし、すぐ異状を発見して、

「何か、掘ってるじゃありませんか」

という。同時に、二人の男が、真っ裸になって崖を掘りくずしているのだ。掘りくずされた赤土が、屏風を立てたような崖を、ざらざらっと落ちて川に流れこみ、血に沸え

るみたいな泡をぶすぶすと湧かせているのだ。

(誰かを殺めて〝死骸〟を掟どおり、埋めてるのじゃあるまいか?)

私は、そんなことを思いながら、いささか変な気持になって見ていた。

二人の男は、ひたすらに掘りつづけるばかりだ。

「何を掘ってるんですか?」

宮本画伯に聞かれるが、私にもわからない。

だが、誰かが、殺められたとすれば、岩吉かおりんであろう。(姉弟は、あまり親孝行でないし、姉のおりんはおりんで、箕づくりのことをひどく罵倒したりするので、愚直単純な父の元吉が、山刃で刺し殺したのかも知れない)などと、私は思った。

だが、そんなことを口に出したら、宮本画伯がさぞ不快になるだろうと思ったし、それに正否もわからないので、私は、ただ首をかしげて、じいっと見つめていた。と、その中の一人が、元吉の子分の「三谷の徳蔵」であることがわかった。

徳蔵は、元吉の腰ぎんちゃくみたいに、いつもそばに食っついている男だし、私の家には味噌など貰いに来たこともあるし、酒をいっしょに飲んだこともあるので、私はよく知っている。

だが、もう一人の男が、誰ともわからない。そのうえ、瀬降には元吉もいなければ、妻君のお牧も娘のおりんも、息子の岩吉の姿も見えない。

私は、だんだんそばに行ってみたくなった。また宮本画伯も、目の前に青葉が垂れ下

っていて、向こうがよく見えないらしい顔だから、

「それじゃ、そばへ行って見ましょうか」

と、私は画伯を誘った。

「大丈夫でしょう、ね？」

と宮本画伯は微苦笑する。

「スケッチ・ブックさえ隠しておけば大丈夫です」

私はそういって、櫟林を後もどって、左手に高くかかっている鉄橋を渡って、瀬降の真上に出たのである。

「うまいところを見つけるもんですね、少しもここからは見えませんからねえ」

宮本画伯はいうのだ。そこは、相当人通りのあるところだが、その下に瀬降があることは、誰にもわからない。小笹が生いかぶさっている地平線下に、上手にもぐっているのだ。

「そこを降りる道があるんですがね」

私は、何度も来ているので、崖の降り口にたった一本生えている楮（こうぞ）の木のところから、ちょろちょろとした小径をおりた。

そこへ、猿の腰掛けみたいに、ちょこなんとした段が出来ていて、その向こうぎわで二人の男がせっせと崖掘りをやっているのだ。

三谷の徳蔵は、私たちの気配を感じて、耳を動かして振り返った。私はあとを振りか

えって、いささかの恰好でやって来る宮本画伯に、

「大丈夫ですよ」

と目で言って、徳蔵に笑いかけながら、

「やあ、やってるね」

と声をかけると、徳蔵も頬でにやりと笑って、ペコリと頭を下げた。

「何をやってるんだね?」

私がいうと、徳蔵はへそをなでながら、変な顔をした。そばの、知らない男も、棒立ちになって、水の中から浮かび上がった河童みたいな表情である。

(どうも変だ)

と思いながら、あたりに気を配ったが、当の瀬降主である元吉もその妻女も子供たちも見えない。

私はいささか物足りなかった。

瀬降とハイヒール――最も原始的なものと最も時代の尖端を現わすこの二つの対照を宮本画伯に見てもらおうと思ったのに、おりんがいなくてはそれはかなわないからである。

「えらいことをやってるじゃないか」

私は徳蔵にタバコをすすめながら、話の糸口を求めた。だが、徳蔵の表情は、一そうかたくなるばかりだ。気まずい空気がどうしてもとれない。

「ゆきましょうか」

私は、宮本画伯に目配せをした。画伯も相手のぎこちなさに、半分退却しかけていたので、すぐ踵（きびす）をかえした。

帰りながら宮本画伯は、

「あんなところにいる者の娘がダンサーですからねえ。うっかりダンサーなんかと……」

とつくづくいうのだった。

熊谷入道直実（なおざね）

宮本画伯を板橋駅に見送ってからの私は、ふたたび瀬降に引き返した。

徳蔵は、私が一人で引き返したのを見ると、急に表情をやわらげた。

「元さんはいないのかね？」

私が聞くと徳蔵は、赤土の上にどっかりあぐらをかいて、拳骨で汗を拭きながら、

「おりんがね、どうしても茶屋（うじびき）をやりてえといいますで、上州の方へ逆戻り（どんでん）をしやした」

というのだ。

（なるほど、そういえば、この前来たときと瀬降道具はすっかり変っている）

「いつだね、それは？」

私は、意外に思って聞いた。

「昨日の夕方でさあ、その代り、この直実公が、しばらく瀬降りますから、たのみます」

徳蔵はそういった。

(直実?)私はちょっとその顔を見た。山窩の名は、為朝だの頼朝だのいうのがあるが、これは熊谷直実だ。

妙なものが飛び出したもんだ。

「それで、おいらも明日上州へどんでんしますが、直公が、でっかい瀬降を張るので、手伝っています」

と、徳蔵はいうのだ。と、その直公も、

「たのみます」

と、ちょっと頭を下げた。

これで、私は、この崖掘りは〝死骸〟に関する筋合いのものでないことを知ったのだ。

「そうかね、実は、この上を通りかかったら妙に土を流す音がするだろう。何ごとが起ったのかと心配して来てみたんだよ」

私がそういうと、徳蔵が急に笑い出した。

「なァに、この直実公がね――」

徳蔵はそういって、直実の顔をちらりと見やって、

「ねえ、旦那、この直公も酒さえあてがってやれば、めっぽう話が好きになりますんでねえ」

と、また笑うのだ。それが妙に、意味あり気な笑い方である。私は、その時ふと、

(直公というのは、どこかで聞いたことのある名だ)

と思い出し、いろいろ考えているうちに、(そうだ、国八の話にあったお花から聞いたんだ)と思い出した。

「そうかい、それじゃ、今夜でも一ぱいお近づきにやろうかね。そして仲よしになろうじゃないか」

と、私は煙草を一本直実に提供した。直実は、私のことは徳蔵から聞いていると見えて、別に遠慮もせず煙草に火をつけて、

「今さきの人は、あれ誰け?」

と聞くのだ。

「あの人は、画かきさんだ。百合の花を描きに、向こうの林に来たんだ、どうかしたかい?」

私は、直実と徳蔵の顔を等分に見分けた。すると、直実は徳蔵に(お前さん、言え)という顔をした。

「どうもしねえけど、裸になってるところを初手の人に見られちゃ恥じゃねえけ」

といって、臍をおさえた。

「裸を人に見せることは〝禁物〟かい？」

「そうじゃねえ。そうじゃねえけんど、俺も直実も出臍じゃねえけ」

私は思わず吹き出した。そういわれてみると、二人とも出臍だ。それもなかなか大きい。徳蔵のは先きがへこんでいるが、直実のはまるくとんがって、その尖端が赤く光っている。

私が朗らかに笑い出すと、直実は顔を真赤にして、袢纏をひっかけた。いよいよ好ましい男である。

「ねえ徳さん。わしはこの人のことを、お花ちゃんから聞いて知ってるよ」

私がそういうと、直実は、

「えッ！」

と頓狂な声をあげて、ぴくんと飛びあがった。それはちょうど、鶏が粟粒をのどにひっかけたみたいな声だった。

恋人は女住持

「ほうれ、お前、どうしても饒舌らにゃなんねえぞ」

徳蔵は、ひょいと手をのばして、直実の出臍をつまんだ。直実はくすぐったそうに身をちぢめながら、出臍をおさえて、

「ねえ旦那、こいつ、いやにくすぐったがるけど、この出臍が妙蓮さんを惚れさせたん

だからねえ」

というのだ。私は（おや？）と思った。

この妙蓮も、私は知っている。

「それも私は知ってるよ」

といった。妙蓮というのは、ここでは正確に書くわけにはゆかないが、池上ではちょっと名の知られた尼寺の女住持だ。お花から、四年前に聞いたとき、三十一だったから、今年は三十五のはずである。

その妙蓮尼が、この熊谷入道の恋人というのだから、私の興味は深まった。

「お花のやつが、饒舌（ぐちうま）ったけ？」

という。私はその訳を話した。警視庁の諜者をしていた国八老人の紹介で、これまで何べんも会っていることを。

いよいよ直実は、まっ赤になった。

「入道と来た日にゃ、お花ちゃんともあれなんだから、こいつなかなか忙しいんだよ。旦那」

徳蔵はいたずらっ子みたいに、ちょいと直実をつついた。そしていうのだ。

「ねえ旦那。こいつに、今夜お酒を一升見舞ってくれませんけ。こいつが、ここに瀬降りに来た訳（ことすじ）を、饒舌（ぐちうま）らせますずけ」

「聞かせてくれるかい、直さん？」

　私が、あらかじめ念を押すと、

「旦那、ちゃんと知っとるんだろげ」

　と急に固くなった。

「知らない、知らない。何にも知らないから、それじゃ、一升さげてくるぜ」

　私が帰りかけると、徳蔵が追っかけて来た。

「ねえ、旦那。俺ァ、瀬降を張ってやれば、すぐにも元吉親分を追っかけなくちゃなんねえが、直公は、この瀬降で、〝子〟を産ませるんだから。——いいですげ」

　と耳打ちした。

（妙蓮に子を産ませる？）

　私は、いささか奇異な感に打たれた。

　徳蔵が「いいですげ」という意味はよく分かる。

「それに直公は、純粋の山窩で、関東山窩じゃけん、人間が素直ですげ」

　と、徳蔵は、いろいろと打ち明けてくれる。

　この徳蔵は、前にもいったが、おりん岩吉の姉弟を探しに来たときから、私と知り合いになったのだが、少しばかり世話をしてやったその義に報ゆるために、私の好奇心を諒解して、ここまで行きとどいた話をしてくれるのだ。

　私は、うなずいて酒買いに走った。

　私は三五ノ原をぬけながら、直実のことをはっきり思い出した。そこで念のために、家に帰って手帳を出してみると、お花から聞いた話をこんな風に書きつけてある。

直実──明治三十六年生れ。埼玉県熊谷の産。熊谷蓮生坊直実で有名な蓮生山熊谷寺の墓地つづきの瀬降にて出生。

父は釜太郎といい、箕づくりの技術に長じ、〝桶川の太一〟の身内なり。後年東京に出て、新宿南町に瀬降る木曾出身の山窩〝常五郎〟の輩下となる。

釜太郎は、一子が生れても七歳まで名をつけず、〝この野郎〟と呼んでいた。〝この野郎〟長ずるにしたがって、無名では不自由なりと父に抗議し、やむなく、

『面倒くせえ、直実墓地の瀬降で生れたんだから、直実でいいじゃねえけ』

といって、直実となった。

と。私はこれを読んで、なお念のために、大正十二年に警視庁が調べた（瀬降査察簿）の写しを調べてみると、それには、

（熊谷次郎直実、当二十一歳、本籍なし。出生埼玉県、盗癖なく、箕直しをなしつつ、東京、横浜地方を流浪す……）

とあった。

（なるほど、この直実だ）

私は、そう思いながら、酒屋に出かけて一升びんを仕入れた。

美しい尼僧が来る

ふたたび三五ノ原を突っきって瀬降に行ってみると、掘りひろげたところには早くもボロを紺糸で刺した天幕張りの本格的な瀬降が出来ていた。昨日まであった元吉の瀬降とはちがう大分立派なものだ。

陽はすでに西に落ち、夜気をはらんだ冷めたい風がそよそよと吹いていた。

ところが、瀬降には徳蔵も直実も見えないので、（はて、どこへ行ったのだろう？）と、しばらく待っていると、そこへ徳蔵が、

「えらく、お待ちなすったけ？」

といってもどって来た。見れば、湯上がり姿である。

さっぱりした水玉模様の湯あがりに、洒落（しゃれ）た草履など突っかけて、豆しぼりの手拭をさげている。

「お湯だったのか？」

「ええ、あっしはお宮の側の花の湯に行ったんですが、直公は妙蓮さんを連れに行きやした」

という。

「へえ、もう来るのかね」

私は、不思議な興味をおぼえた。

妙蓮さんといえば、だんだん説明するが、もともと山窩ではない。しかも教養のある普通の女性なのだ。

その尼さんが、すぐにもやってくるとは、あまりにも偶然すぎるではないか。

「どこまで迎いに行ったのかね」

「円タクで来るのを、電車通りまで迎えに行ったんだげ」

徳蔵は、ふくみ笑いをしながら、

「妙蓮さんも、とんでもねえものに惚れたもんだ。それに子(びく)なんぞはらんで、大っぴらに生むわけにゃゆかねえだろう。だから旅行と見せかけて、ここでこっそり産もうというんだげ。ちょいと、乙じゃありませんけ」

頬っぺたを、ぷくりぷくり膨らませて、私のさげた一升徳利を抱きとった。そして、

「俺ァの抱くのは、徳利け」

と、いささか淋しそうだ。

「でも、山窩でもないものに、瀬降でお産をさせてもいいのかね?」

ここのところが、私にはちょっと疑問だった。

「そりゃあね、山窩の組織(はたむら)や秘密(むす)さえ饒舌(ぐちうま)らなきゃ、直公にこれときまった女房がある訳じゃなし、まことに結構なことだもん」

という。

「それで、産れた赤ん坊を育てるのは、尼さんかね?　それとも直さんかね?」

「そいつぁ、いまのところ聞いてもいねえけど、つぶすか、〝坂ン者〟にくれるか、どちみち育てるわけにゆくめえよ」

というのだ。

これはまた奇妙な展開を予想させる話である。〝坂ン者〟というのは、板橋の岩ノ坂にある一部分の連中のことだ。岩ノ坂の貰い子殺し事件は私の記者時代の特ダネであるが、徳蔵はその連中を岩ノ坂の者といわずに、サカンモンと発音するのだ。

徳蔵は徳利を抱えて、瀬降の中に入った。そして、篠笹の軸を地面に突き刺して、それに蠟燭をともした。

「旦那、妙蓮さんの来るまでに、二人で飲みながら、話そうじゃねえけ。俺ァが作ったあけびの芽の切り和えを出すげ」

という。いったいに山窩は木の芽の料理が上手だ。うるしの木の新芽を漬物にしたり、藤の葉をゆでて和え物を作ったり、観音草やざらめの木の穂でぬたを作ったり、およそ百根百草の料理にたけている。私はこれまで食べさせられたものは、あざみと、藤の葉のゆで和えと、漆の芽の塩漬けだけで、あけびの切り和えは始めてである。

徳蔵は、瀬降の崖を掘ってつくった棚から、蓋つきの欅のくり鉢をとりおろした。それから渋塗りの椀も取り出して、篠を切った青い箸を取りそろえた。私は、気持よくあけびの切り和えを挟んだが、焼味噌に切りこんだあけびの新芽は、まことに香ばしくて、口あたりがよかった。

灰吹つくり

ちびりちびりと飲みかけると、徳蔵は話しはじめた。

「ねえ旦那。それじゃ、話しましょうか」

酒さえ飲めば、天下泰平な顔で、何でも話す徳蔵である。

「旦那も知ってるように、直公は本門寺の裏の瀬降にいて、関東山窩の〝連絡（つながり）〟になってるんです。ほんまのことをいうなれば、ああして一っ処に瀬降り通すより、お互いみてえに行きてえところに、ひょいひょい飛んでゆく方が、どれだけ呑気で面白えか知れねえんだ。それをああして、同じ場所に瀬降りついてるというのも、つまるところは妙蓮のためだあね」

徳蔵はそういって、妙蓮の美しいことや、直実の瀬降に妙蓮が人目を忍んで通った話をする。そして、どうして妙蓮が、直実の子を生むことになったかということを、直実の生い立ちから語った。

そもそもこの直実は、子供のときから箕づくりが嫌いだった。しかし、何かしていないと、食べてゆかれないので、何か仕事を覚えろと、親父の釜太郎や常五郎親分にやかましくいわれて、やっと覚えたのが灰吹つくりだった。

これは、箕づくりよりも材料に苦心しない仕事である。いたるところの墓場に出かけて、いい加減にあぶらの脱けた花筒を、死人（ほとけ）さまから貰ってくる。

そして、丁度いいくらいの長さに切って、それにいろんな彫刻をして、磨きをかける。もし花筒が大きかったら、それはちゃんとした花いけにつくる。

こうして作ったものは、お寺や、風流を好む人や、骨董屋などに売ってあるく。こうなると、世の中は面白いもので、品物が変っているので、（これは渋いね）などといって、不思議によく売れる。

直実の新商売は、いよいよ大当り。ぐんぐんもうかるので、直実はいつでも二百や三百の金は胴巻の中であたためているようになった。

金のもうかる直実は、紺股引や縞の袢纏は着たくなくなった。古着屋に出かけて、柔らかいものを値切ったり、頭を角刈りにしたりして、てかてかと油をつけたりしはじめた。

服装が変ると、また得意先きも変ってきた。中野の西方寺や鶴見の浄願寺、それからお花のお師匠さんで、池ノ坊や古流などのお歴々が、墓場の筒を愛翫してくれるようになった。

こうなると、前は玄関で追っぱらっていた寺あたりでも、座敷に上げてくれるようになった。

田舎の農家の軒下や水車小屋の便所の横などで、箕の修繕をするのに比べると、これは飛躍的な出世だった。

「へへえ、どんなもんだい」

熊谷入道は大いに仲間に鼻を高くした。

そのうち直実は、池上の妙蓮さんの寺に出入りするようになった。

この妙蓮さんは、女子大出の尼さんだった。尼さんになる動機は、二十九にもなって、それで結婚の相手がきまらないので、世の中がいやになったというのが本人の告白である。

それも、誰を恨むことが出来なかった。早くから申込みはあったのに、女子大というなまじ教育や経歴が男を馬鹿に見せて、いろいろと選り食いをさせたためだった。

(自分を恨むよりほかに道はない。誰が結婚なんかするものか)

こういって、生涯独身の宣言をして、二十九の春、先輩の妙慶尼の僧庵にはいったのである。

妙慶尼も、ほとんど妙蓮と同じ経路の尼僧だった。だが、弟子入して、一年目に妙蓮は師匠の怪しい秘密を知ってしまった。

外面如菩薩

(あんな綺麗な口をきく人が、法衣をまとっていながら、あんなことをするのか)

そう思うと、女の身で、み仏の弟子になりきることは、いかにむずかしいことか知れないと思った。

それも、知らないうちは、少しの邪念もおこらなかった。

だから、尼僧暮らしを、尊いもの、清らかなものと、心の底から思いこんでいた。いや思おう思おうと努力して来た。

それが、心境も出来ないうちに、みてならぬことを見てしまい、知ってはわるいことを知ってしまったのだ。

それから後の妙蓮は、白いものずくめの自分の姿が、みすぼらしくて、何だか損をしているように思われて来た。

(馬鹿らしい、あたしだって女だもの、赤いだて巻だってしめたいわよ)

そんな心境にがたりと落ちてしまった。

(やせ我慢をはって、男のおの字も知らぬような顔をして、お数珠(じゅず)をつまぐっていて、それで人生が解決するくらいなら、誰も悩みはしない。そうだそうだ、妙慶さんを、あさましい人と思うのはかわいそうだ。でも、私にかくれてあんなことを……)

と思うと、何だかいやらしかった。朝から晩まで、毎日そんなことばかり考えるので、心は乱れた。そして、剃髪する前の写真はいつも後悔の涙で濡れてばかりいた。

しかし、今さら、俗界に逆戻りして、白粉をつけたり長襦袢を着たり、丸帯をしめたりすることは、その強情がゆるさなかった。

そのうち、妙蓮はヒステリーを起して、妙慶さんの面ぴをひん剝いた。

「何てあさましい人でしょう」

そんななまやさしい言葉ではなかった。だが、妙慶さんは黙っていた。何いわれても、

ただ、

「ゆるしてね、ゆるしてね」

とだけしかいわなかった。それから間もなく妙慶さんは、蒲田の秘密産院で、やりそこなって死んでしまった。享年四十歳だった。

妙慶さんに、急に死なれた妙蓮は、しかたなくあとを嗣がねばならなかった。住持となってみると、さすがに寺の維持は骨だった。

それに、尼僧への誘惑の多いことも妙蓮にとっては新たな体験だった。

妙慶に比べてずっと美しくて年も若い妙蓮のところには、俄か地主で山羊の仇名をもっている太田という爺さんや、学校の先生、古くから寺の地内に住んでいる政治気狂いのお医者さんなどが、何だかだと、ありもしない用にかこつけてはやって来た。

そして、仏さまには手を合わせないで、二時間も三時間も坐りこんで「この生き仏の方がいい」などと、露骨なことばかりいうのだった。中でも横山という産婦人科のお医者さんは、

「妙慶さんも、ぼくに頼めばあたら命はすてずにすんだものを……」

といって、ややともすれば破れそうな弱い心をゆすぶった。

だが、妙蓮は妙慶のことを、他人の前で面罵したことがある。その手前からいっても、ふしだらなことは出来なかった。

それよりも、ことの暴露することが何より恐ろしかった。

妙慶の死んだときも、出したり出さなかったりする土地のもぐり新聞に押しかけられた。それに対し、如何に妙慶の潔白を主張し、自分の清浄さをほのめかしたことか。それを思うと、口の軽い男たちには、どうしても笑顔が見せられなかった。

そうした心境にあるときに、花筒売りに来たのが直実だった。

粗野な感じがないでもないが、どことなく純情があって、野性的な健康美に輝いている直実が、妙蓮には不思議に好ましかった。

それに、何よりも直実に感じた韻(ひび)きは、どこまでも口の固いというトーンのある点だった。

(この男、独身ものかしら)

妙蓮はそう思って、ひとりでに顔を赤くすることもあった。

黒頭巾の妙蓮さん

徳蔵がここまで語って、「……という訳でさ」といった時だった。

上から、ぼそぼそと静かな足音が聞こえて来た。

「来ましたぜ、旦那」

例によって、徳蔵が頬をふくらました。

「僕はどうでしょう?」

私は良心に苦しめられた。しかし、ここで妙蓮という女性に会っておかなければ、いつまた会えるやらと、私は大いに迷った。

「いいですげ、直公が承知しているんだから」

徳蔵は、私の袖を引っぱった。

「そのかわり、また何かと面倒を見てやって下っせえ。何をいうにも、妙蓮さんは普通人（とうしろう）ですけ、かえって喜ぶかも知れませんや」

という。

そこへ、直実と妙蓮が入って来た。妙蓮は大きな唐草模様の風呂敷包みを直実に背負わせて、自分はちりめんの黒い頭巾を冠っている。そして、白衣の上に着た浅黄色の衣の袖で、お腹をかくしている。

「さあ、おはいりなさらんけ」

きりっとした番頭風なこしらえをした直実の言葉は、女主人にでも仕えるように丁寧だった。

妙蓮は、瀬降には至極なれていると見えて、器用な動作で入って来た。

そして頭巾をとったが、青いお頭（つむ）が蠟燭（ろうそく）でぴかりと光った。私の目には、それよりも美しい眉と、すっきりとした鼻が強く映った。

それに肩巾の広い肉づきのいい体が、どことなく健康そうに見えた。徳蔵が、

「こっちに来なさらんけ」

と坐をずらすと、

「いろいろ済みませんわねえ」

と、ちょっと手を突いて、かすかに微笑をつくった。教養のある貞婦がたのやり方だ。私は、どういっていいかわからないので、内心もじもじしていると、荷物をおろした直実が、

「まだあるけ？　へへへへえ」

と私の側によって来て徳利をかかえたので、まず助かった。

「どうもすみません、旦那」

直実は二はいつづけて、きゅきゅうと飲んだ。

「この尼僧様（おなでさま）と一しょだもん、手間がとれて、……もうなくなったかと思ってたんだ」

と、まだたっぷり残っている一升徳利をみて、実に嬉しそうだった。そして、

「ねえ、お客人、このお住持さんがね、知らない人がいちゃ、嫌だというんだ。だから、俺ァ云ったんだ。何もこの板橋から、わざわざ池上まで触れ廻りにゆく馬鹿野郎はあるめえとねえ」

ねえに力をこめた直実は、すぐ徳蔵に向かって、

「今日明日にも飛び出るんだとよ。これがお前さん、山窩（なでし）の女房なら、こんなに騒動はしめえよな。山窩の女房が、ころりと産んで、さっさと片づける話をしても、この女（ひと）は、嘘（ほけなす）だというんだ」

と笑った。それは事実だ。山窩の女なら、分娩などは意にとめていない。道を歩きな

がら用をたすぐらい簡単に、ころりと産みおとして、川の水などでちゃちゃっと洗って、ふところに押しこんで、さあっと行ってしまうのだ。

こんなことは、妙蓮などのようなインテリ女性には信じられないのだろう。

「でも、それがほんとなら、どんなにいいか知れませんわねえ。お産は女の大役ですもの」

妙蓮は私に向かっていうのだ。私は、

「それはほんとですよ。でも、あなたたちとは、第一習性が違うんだし、先祖代々の血が違っていますからねえ」

とはじめて、口を交わしたのである。

「気にしていないから、そんなに軽いのかしら？」

妙蓮さんは、そういって何か考えていたが、

「でも、こんなところで産めるかしら？　あら、お腹が痛み出したわ」

と、急にお腹を押さえて顔をしかめた。

有籍者になって下さい

「生れる？」

直実は、ぐいと目玉を剝き出して、残りの一ぱいを引っかぶった。

「早く、お湯をわかして下さい」

妙蓮はお腹をおさえて、右にくず折れた。

私は、徳蔵がどうするかと、そればかり見ていたが、よそ吹く風とすましている。

直実はそばに寄り添って、

「ほんとに生れそうですけ？」

と、背中に手をやって、お腹をさすってやるのだ。

その動作は朴訥（ぼくとつ）だが、実に親切味があふれていた。

「休むようにして下さい」

妙蓮は衣を脱ぎ、紐をとき、白衣をとった。

「徳兄哥（あにい）、その風呂敷をといて、毛布を出してくれねえけ」

直実にたのまれて、徳蔵はようやく立ち上がった。たのまれなければ、こうしたことは手伝わないことになっているらしい。

唐草の風呂敷包みの中の、大行李二つ分ぐらいの荷物は、毛布、湯上がり、お腰、初着（うぶぎ）その他いろんなものだった。

白い毛布と、茶色の毛布を取り出した徳蔵は、瀬降の崖ぎわに白いのを敷いた。

「さあ、毛布を敷いたよな」

いわれて、直実は妙蓮尼を抱いて、毛布の上に運んだ。妙蓮さんは円タクで揺られてきたので、予定よりも早く産気づいたらしい。

陣痛のために、たちまち口もきけなくなったが、動作や表情で着物を着かえるというのだ。直実は、その表情にいたく気をつかいながら、千鳥模様の湯上がりを出した。妙蓮さんは外聞もなく白衣をかなぐり捨てて、臥(ふ)したまま着かえて、

「早く、産婆さんを呼んで下さい」

と床に敷いてあるわらを鷲掴みに掴んだ。

私は見ていられないので外に出た。

徳蔵も出て来た。私は徳蔵に、

「産婆さんを呼んではいけないか」

と聞いたが、返事をしない。

直実は、湯上がりに着せかえさせて、腰の上から下腹に手をやっていた。妙蓮さんの悲鳴は、私たちの臓腑(ぞうふ)をえぐる。

「はやく、産婆さんを呼んで下さいというのに——」

のろうような声だった。

「この手を離して、早く産婆さんを呼んでというのに——」

妙蓮さんは、女夜叉(やしゃ)のように直実入道（？）を突きとばした。

「どうするけ？」

直実は、呆気にとられて、徳蔵に相談した。

徳蔵は突っ立ったまま、だまぁっている。

女が陣痛に苦しむときは、青竹を掴み割るというが、妙蓮の四苦八苦は、大地も滅入

りそうに深刻だった。

　それに、三十の声を聞いてからの妊娠のせいか、ことに陣痛が激烈と見える。だが、徳蔵にしても直実にしても、こんな陣痛を起して生れた人間でないから、産婆などは、どういう訳で存在しているのか不思議なくらいだ。

「どうするけ、呼んで来るけ」

　直実は、直接の関係者だけに、いささかに面くらって来た。

「馬鹿野郎(ほけなす)め、ここをどこだと思ってるけ。山窩の瀬降で、分娩(みふたつ)になるのに、産婆など呼ぶ奴があるけ」

　徳蔵はすごい剣幕でどなりつけて、壁にかけてあった山刃(うめがい)を手にとると、

「ぎゃあぎゃあ騒ぎゃがって、河童の子でも産むのけ。ひとりで産めなきゃ、腹ァたち割ってやる」

　瞬間、妙蓮さんは気絶した。一瞬、おぎゃァという初声(うぶごえ)が瀬降の中にひびいた。

「おお、生れた」

　直実は、臥している妙蓮さんの下から急いで赤ん坊を取り出した。徳蔵は、

「へへえ、うめえ産婆じゃろげ」

　といって、

「乱暴なようだが、やさしくいうとお産は重くなるからなァ」

　と笑った。

「おお、野郎じゃげ」

直実はうれしそうに抱きあげた。ようやく気づいた妙蓮さんも、ホッと息をついて、

「お湯は？」

とひくい声だった。

「沸いてるよ、俺がつかわせてやる」

そういったのは徳蔵だった。徳蔵は、赤ん坊を掌にのせると、瀬降を飛び出した。お湯を沸かしもしないのに？　と思って、私もあとについていった。

徳蔵は、瀬降の西の崖から涌いているかけひの落ち口に突っ立って、赤ん坊を両掌にのせて、よごれたボールでも洗うみたいに、ジャブ、ジャブ、ジャブジャブと洗って、

「ほうれきた」

と、妙蓮さんに見せた。妙蓮さんは笑って、

「その赤い着物を着せてくれませんか」

直実は、サラシの襦袢と重ねてあった赤い着物を着せて、妙蓮さんの側にそっと寝せた。

私は、どうやら後片づけもすんだらしいので、ふたたび瀬降にもぐりこむと、すっかり毛布を着て、ちゃんと仰向けに寝ていた妙蓮さんは、白い手拭で鉢巻をして、少しのやつれもないなごやかな顔で、

「ずい分騒いだでしょう？」

と、誰にいうともなくいったが、それが尼さんだけに、妙に哀れでもあり、凄艶だった。

「それで、この子はどうするのけ？」

徳蔵がいうと、直実は、

「俺ア、坂ン者に会って来るげ」

と、風呂敷の中から、あらかじめ用意してあった包み金を取り出した。妙蓮は、

「待って！」

とそれを引きとめて、

「あたし、世間の人にどう云われても、この子は自分で育てますわ」

弱い声だが、不思議な力をひびかせていうのだった。

「父なし児にするのはいやだ、といったじゃねえけ」

直実がいうと、

「いいえ、父なし児にもいたしません。お願いですから、あなたは有籍になって下さい。そのかわり、わたしも還俗いたします。山窩の仲間を外れて、在家衆になれる〝掟〟があると、あんたいったでしょう」

妙蓮さんは起き直った。

「それゃ、あるにはあるげ。でも、俺ァの勝手じゃきめられねえ」

直実入道は、複雑微妙な顔になった。

「そうしたら、どうだね？」

私は思わず口をはさんだ。それでも直実は返事をしなかった。

「そうしたら、いいじゃねえけ。お前、首ったけ魂惚れているくせに。――そうせい。親分のこたァ、俺らが今からお願い申してくるげ」

徳蔵は、そういって、山刀をふところに入れると出かけた。

私も、それといっしょに、瀬降に別れて原を突っきって歩いた。

直公と妙蓮さんにはそれきり私は会わなかったが、その後、直実のことを、警視庁の大塚大索刑事に聞いてみたら、

「あれはあんた、ちゃんと夫婦になって、池上電鉄の停留所のところで、一戸を構えて、親子三人水いらずに暮していますぜ。妙蓮は尼さんどころか、美しい丸まげに結って仲よくやっていますよ」

ということであった。

あとがき

私が山窩物語を書いていたのはもう三十年も前のことだが、久しぶりで昨年「サンカの社会」(朝日新聞社刊)「山窩物語」(読売新聞社刊)というのを発表したところ、意外な反響を呼び、本もよく売れた。ウンザリするほど聞かされる「サンカとは何ですか」とか「今でもいるのですか」等々の質問に対する私の回答であったが、機械文明に追いまわされている今日の日本人には余ほど珍しかったのであろう。

今年になってからも、山窩小説シリーズ(徳間書店刊)が出たり、テレビ(NTVイレブンP・M)放送の申込みがあったり、そして今また東都書房から本書を刊行することになった。なかなか山窩への興味は尽きないらしい。

そういえば山窩は、アメリカの西部劇のようなアクションとロマン溢れるテレビ映画などには打ってつけだと思うが、どういうものか今までにたびたび脚本を見せられたが、みな落第だ。シナリオ・ライターが山窩の何ものたるかをよく勉強もしないで、安易に脚色するから薄っぺらなものになるのだと思う。私はもう小説の筆をとる気はないが、少し暇になったら自分で脚本を書いて残しておこうかとも思っている。大がかりな製作費をかけなくとも、またベラボウにギャラばかり高い大スターを使わなくても、きっと安い製作費で面白い映画が出来るのだがなア、と歯がゆく思っている。

さて、本書はお読み下さればわかる通り、若いころに私が足で集めた、今風にいえばドキュメンタリーなノンフィクションである。登場する人物はほとんど死んでしまったり、環境が変ってしまったりしているが、当時は内容の通りであったのだ。たった三十年が、古い古い歴史的事実のように思えるのも、時代のせいであろうか。

終りに本書刊行にあたり、古い資料の整理編集に協力してくれた土田君、河角君の労に謝意を表しておく。

昭和四十一年十一月

三角 寛

◉増補

山窩の話

本篇は昭和十四年八月二十四日、司法省構内法曹会大会議室における講演の原稿に依るもので、簡単ながらも、山窩の生活、行動、習性、掟、その他の一切を説いたものであります。

上

只今、前長崎控訴院長の石井さんからご紹介にあずかりました三角寛であります。先般東京控訴院の長谷川検事さんから、この大会議室において、大審院長司法次官以下在京司法官並びに、全国から上京中の判検事の司法研究生の方々に、山窩に関する話をせよとのお話がありました。

ずっと以前にも、此方（こちら）の地方検事局の方から、同様なおはなしがありましたので、いずれは皆さんに、こういう光輝ある席上で、親しくお話をする機会に恵まれることを、実は楽しみにしていたのであります。

そもそも私が山窩を調べはじめた動機は、裁判所には縁の深い警視庁を、朝日新聞の記者として、担当しておった当時に出来たので、検察当局の方々には、万更縁のないことでもないので、それだけに、今日のこの機会は何となくなつかしく、うれしいのであります。

それに、山窩文学の読者の中には、どういうものか、判検事の方が非常に多く、東京地方裁判所の方からも、いろいろの手紙を貰っていますし、札幌あたりの検事さんからもつい昨日も手紙をいただいたばかりで、そんな関係から、普通の人々におはなしするよりもはるかに楽な気持――というよりも、むしろ特別な感激が胸に湧きおこっております。

では、これから時間のゆるす限り、出来得る限り、山窩に関する内幕話を申し上げたいと存じます。しかし、ご承知下さるとおり、山窩は既に何冊かの著書となり、発表作品も二百篇に及んでいますので、それらを一々おはなしすることは出来ないので、その方はもっとも詳しい概略というようなことに、自然なるかも判りません。あらかじめお断りいたしおきます。

それに先だって、一言申しあげておきたいのは、山窩文学というようなものが、今日の文学に現れるということは、私、それ自体が想像もしていなかったことで、これは説教強盗のしたことなのであります。

したがって、世間一般でも、山窩小説は一寸変ってはいるが、こんなものが長く続く筈がないと云われたのであります。私も、そうかも知れぬと考えていたのですが、既に十年以上にもかかわらず、今、しらべつつあることを更に更に追ってゆきますと、いったい何時になったら、この結末がつくのだろうかと、その将来も判らないと言うのが事実であります。

目下のところ、考えるところがあって、専ら、彼らの親分の、親分たる面を、その材料のままに、一々整理しています。そして来年頃からは、子分が親分に対する面に向かって転じてゆきたいと思っています。

さて『山窩』という言葉でありますが、これは一体いつ頃、どこの誰が命名した名称なのか、これがさっぱり判らない。調べてみると、この『窩（アナ）』という文字が、どうも、おかしい。

山（ヤマ）の窩（アナ）——。彼らが山の背に穴を掘って寝るとでも思った人がつけたのかとも思えるが、しかし山窩は、決して窩（アナ）を掘っては寝ない。セブリと言って、西洋のジプシーのように、天幕（テント）露営であります。最近の『法律新報』にも、このことはくわしく論じておきました。

過日突然に歿くなられた、歴史の大家、喜田貞吉博士なども、（などもと申しましても、山窩に関しては喜田博士が研究されていたぐらいのことであります。）「窩（アナ）という字は変だ」と申されまして、私のために折角調べて下さったのでありますが、どこからも窩（クワ）という発音の字は現われて来ない。砂中に金を求むるに類する文献の中からようやくに出て来たのはクワではなくてカであります。そして文字は家（カ）であります。

そこで、窩（クワ）という文字は、ずっと後年に至って、検察当局に漢籍のできる人がいて、勝手に当て嵌（は）めたのではあるまいか。ごく初期の判事か検事、さもなければ警察官。それ以前とすれば、判検事警察官をひっくるめたみたいな奉行といったような人が、当て嵌めた文字ではあるまいか——ということにして、一応、この問題はおあずけの形になっております。

そこで山窩の方に、どちらが正しいのかと聞いてみますと、自分たちは、自分たちのことをサンクワだの、サンカだのとは云わぬと申します。トウシロウ、即ち普通人が、勝手に俺たちのことをそう云うのであろう——。自分たちは、ナデシ、またはテンバモノとしか云わぬと申しています。

ナデシというのは、地表を撫(な)でるが如く、模糊整然と運行するので、その虹の如くまた陽炎(かげろう)の如き動作を、名称としているのであります。テンバモノというのは、これは場所を転々と変えてゆくからで、ただしこれは、あとで申しますが、山窩自身から云い出した言葉ではありません。

まあ、そんなことはどうでもよろしい。私は、そういうことが、はっきりしなければしないだけ、また興味を覚ゆるのであって、無理をしないで、そのまま一応おあずけにしています。

よし、それならそれはそのままでいいとしても、山窩にしろ山家にしろ、そういうものは、いったいどこからどういう風にしておこったのか？　これがまた判らないが、彼らの主張するところに随うと、関白道隆が、自分の乱行の子道宗を家来と共に山に捨てたが、この道宗が神童とまで云われるほどの子供だったので、山中で文武の道を修行しつつ成長した。そして、家来の者には、衣食を得るために、箕(み)をつくらせたり、簑(みの)を編ませたりしていた。そのうちに一族が殖えて、今日の漂泊徒渉の民が発生した——というのであります。

しかもその道宗は、当時の世に行われた『多夫一妻』の慣習をひどく慨歎して『一夫一婦』の制を立て、これを一族に強制したので、山窩族は今もって、貞節の固きものがあるといわれています。

なるほど、歴史を調べてみると、父権確立以前の、昔日の日本は、今の人々には想像もゆるされない『多夫一妻』だったので、それは『古事記』などを見ても、親と云えば、母に限られていたようであります。したがって、兄弟姉妹と云えば、同じ母の腹から出た者だけを云ったもので、これをハラカラと称しております。だから同一の父の子であっても、腹さえちがっておれば、兄妹でないので、これが平気で結婚をしております。ちょっと、今の人には想像がつきません。妾と本妻の子が、結婚する、どうもまことに変です。

ところが、その頃は、母のことをチチと呼び、またオモと呼んでおります。そして父を呼ぶ名はないので、今の吾々のように、お父さん面をして威張れなかった。何しろ父を呼ぶ名称さえないのだから、男たる者、全くやり切れた話ではありません。

かような歴史がある以上、山窩の自称する道隆の捨子説も、一応は頷くことが出来る。道隆が、数多くの婦人に接して訳も判らぬ子を産ませ、これを山に捨てた。捨てられた道宗は長じて、母権を呪うようになって、吾が両親を明瞭に、子孫に知らしむるために、山に生きながら、父権を確立した。そして一族にも、それを強要した。

まったく、父の混線に依って、受けたその精神的苦痛、これが、一種の人生のなやみとなって、山から出ることをのぞまず、衣食のために、箕をつくり簑を編み、それを町に売らせ、一方では山で文武の道にいそしんだ。

かようにに断言しようと思えばされないこともないのであります。

私はそうしておく方が、文学に再現させて世を益するに便利なために、一応これを頷き、右の道宗を山窩の大親分一世としているのです。しかし、これは今後、如何なる発見をしないとも限らないので、決定的とは申しません。

＊　　＊　　＊

喜田博士も、「現存の山窩の説にしたがうも結構である。しかし片寄って、納得にゆきづまりを生じないためには、今のうちに、人類学と考古学を並行して研究すべきであろう」と親切に云って下さったので、私は今人類学考古学、それに民族学にまで手を染めているのであります。

それに人類学や考古学の方からゆきますと、一応有史以前に駈けもどり、そして天津神国津神の昔をうかがい、拝さねばなりませず、そこから、そのどちらの神に依るべきかと、その流れを伝ってみたり、のぼってみたり、その考察のむずかしさと云ったら、とても一朝一夕にはまいりません。

まして、このことの発表などは絶対にと言っていい程出来ないと思います。

しかし、山窩族が、完全なる大和民族なり——ということだけは、はっきりと、しかも声高々と申し上げられることになったので、この点まず山窩諸くんからも感謝されていいいと思います。

それに考古学の方からのみゆきますと、これはなかなかむずかしい。そして材料が実に乏しいのであります。

他方面の研究者たちの間には、発掘された土器などの、大変参考になるものがあるようですが、山窩に関するものは何一つ出てまいりません。

以上のような訳で、山窩の起源は、まがりなりに判っても、その名称のおこりは、はっきりしない。それは、それとして、では私がどうして、このような特異なものの研究に取りかかったか、その、私と山窩の因縁ばなしを、手っ取り早く申しあげることにしましょう。

＊　＊　＊

先年東京府下に出没いたしました例の説教強盗。彼の記事を私が朝日の記者として担当いたしておりました。

当時の警視庁捜査課内は、警部と警部が対立したりしていて、非常に統一を欠いておりました。したがって、それに所属する刑事諸氏も、またお互い同志で対立するというありさまで、捜査はまことに円滑を欠いておったと思われます。

こういう弱点は、犯人そのものの狙いどころとなり、それは当局自身の口から、いろんな不平が、知らず知らずに漏れて、つい捜査の秘密が新聞に漏れ犯人に漏れるという事態になりがちで、早く捕まるものまでつい捕まらないということになるのであります。

一つの組織がうまく解け合って一体になれないということほど損なことはありません。説教は、この虚に乗じて、あくなき犯行をつづけました。そして議会では、一強盗のために、帝都治安に関する緊急動議など出まして、その騒ぎと云ったら皆様御存知の通りでありました。

私は、この状態を見ていまして、一つ、自分で捕まえてやろう——と考えたのであります。否、捕まるという段取りに行ったら、そこで当局に提供しよう。こう考えて、過去の、彼の犯跡を、再び細密に調べなおす決心をいたしたのであります。

この当時のことは、家人とも、ときどき話し合うのでありますが、夜も殆ど家にかえらず、石神井やら練馬、それから長崎から中野、野方方面、あの辺に、出かけて、山に寝たことも珍らしくありません。

これは、説教が自分の担当であると思う一念と、俺がこの事件をという、二十六七の頃に、誰でも一度は経験する英雄的情熱であります。これに支配されているので、苦痛などと考えることや、これに依って自分が認められようなどという考えは毛頭ありませんでした。

それよりも、あの猫撫で声を出す、世にも無気味な説教に、もしも自分の家（うち）が襲われたらと、被害者になり代って考えてみると、一日も犯人と刑事の探偵実演を、興味をもって傍観している訳にはゆかなかったのであります。

左様な訳で、あの説教強盗という名称も、実をいうと私がつけたのであります。この名称に関して一つの思い出ばなしがございます。

それはある日のこと、その日も中野から落合方面の林や野原を歩き廻って、野方の哲学堂のところに来た時、(ひょっとしたら、今日あたりは中村捜査課長が、こっちの方に出向いているかも知れない) そう思ったので、その足で戸塚署に立寄りました。

そして署長室をのぞこうとドアの外までゆくと、当の中村さんが、署長室に刑事をあつめて、

「刑事のくせに説教強盗などと呼んでどうする? 今後絶対説教と云っては不可ん。あれは郊外荒しの強盗だ――」

と呶鳴っております。要するに、新聞記者が勝手にくっつけた名前なぞに、刑事が引きずられては不可んというのであります。

課長としては、思うように捜査が進まないので、ひどく神経質になっていたのであります。私は大変お気の毒に思い、(新聞記者という仕事は嫌だ) とつくづく思いました。

その頃、私が山や野原ばかり歩いていたというのは、ただあてもなく歩いたのではありません。その頃は、説教強盗発生以来三年を経過していましたので、誰いうとなく「説教は山窩ではあるまいか?」という噂が出ていたからであります。一足で普通の者の三倍ぐらいな歩巾を、畑の中などにのこしていたからであります。私は、山窩というものが、どういうものかは判らない。しかし、いずれは、林の中か、森の中にいるルンペンか何かであろう?――そう考えて、野や林を歩いていた訳であります。

こうして、野や林を歩き廻っている最中に、突然おこった事件が、三宅やす子さんの強盗被害事件であります。

＊　＊　＊

あれは昭和四年一月十日の夜の出来ごとですが、その夜私は野方町方面に、どうも説教が出そうだというので、非常線が張られ、私もその方に出かけて、新井薬師のところから、最終の電話を社会部の責任者（デスク）にかけたのが翌十一日の午前二時頃だったと思います。「今夜は、今までのところ、まだ出ないが、非常線のとける未明まで張り込んでいるから」そういう電話をかけて、原稿のないことを伝えて家にかえったのがたしか午前六時頃でした。

したがって眼のさめたのは九時頃で、十時が出社時間なので、また電話をかけて、「今日も社にゆかないで、説教の方をやるから」と云って板橋の中丸（なかまる）の、説教が初期に押し入った被害者をたずねたりしたのであります。そして、正午を三十分ほど過ぎた時に、夕刊締切前の中間聯絡の電話を責任者（デスク）にかけました。「こっちには記事はない。そっちに用はないか？」と聞いたのであります。電話は酒屋の電話を借りてかけたのでありますが、この時社会部の電話で記事を受ける記者が、「一寸（ちょっと）待ってくれ」と云って誰かと代ったたと思ったら、責任者（デスク）が出て来て、

「大変大変、今、八方に電話をかけてきみをさがしていたんだ。三宅やす子のところに

説教が押し入った。はやくもどってくれ、誰と誰と誰とが、五人ばかり行ったが、不安だからきみすぐ行ってくれ」

と申します。電話を切って時計を見ると、既に一時に十分前であります。いくら考えても、板橋から砧村(きぬたむら)までは、どんなにいそがせても自動車で一時間はかかる。とすると、ゆく途中で、夕刊の締切時間の一時半になってしまう。のこすところは、わずか四十分。その短時間で、砧村まで駈けつけて、事件を調べて原稿にまとめて、それを電話でおくる。

どう考えても、人間業(わざ)では出来ないことであります。ところが、こういう場合、新聞記者は、「そんな馬鹿なことが」というてはいられないのであります。仕事になるならぬはともかく、何でも彼(か)でも「よし来た」で、すぐ飛んでゆかねば不可(いけ)ない。それは、ニュースをあつめる場合の気合とも云うべきもので、外ばかりたよりにしている責任者(デスク)に向かって、「今頃そんなことを云っても時間がないよ」などと云うと、いたく気合をくじくことになり、それが、自然に紙面にも反映して、活字類に生彩を欠くというような、わるい結果を招くのであります。随って国家的にも、貴重な紙面の損失ということにもなります。何しろスピードを尊ぶ仕事のことでありますので、私は一番近いハイヤーの車庫をめざして飛び込み、いきなり自動車に飛び乗って、

「砧村だ大至急だ」

昼飯を食べておった運転手は目の色をかえて、あの曲った鉄の棒を前に突っ込んでこ

ねますがなかなかエンジンがかからない。ようやくかかって走り出したと思うと、池袋まで来て子供を轢（ひ）いてしまった。さあ、交通事故、それかと云って代車もありそうにない。仕方がない、名刺を出して、事情をはなして、しばらく責任を警察にあずかって貰って、やっと中野まで行ったら、もう一時半。夕刊の締切時間であります。

「もうこれ以上走れないのか？」

つい激越な口調になると、先方も、

「何哩（マイル）出しているか知ってますか？」

と喰い返す。それにはじめての道のことではあり、何度も何度も道を聞く。その都度、時間は無駄になる。

ようやくのことで駈けつけてみると、既に二時であります。もはや、二時であろうと二時半であろうと、そんなことは問題ではない。出来るだけ早いところで調べあげ、自分の信ずるところを原稿にしないことには責任が終らない。

勢いよく飛び込んでゆくと、やす子さんは、折柄警察の検証に立会っていて会うことが出来ない。それでは、社の先着の同僚たちは？と聞きますと、これはとっくに写真まで撮って引きあげたからもういいでしょうという。私は、それはそれ、僕は僕、と、取次の女中さんを呶鳴（どな）るように、

「どこからはいったんです。女中さんは？奴は？」

とイリを聞きました。女中さんは面喰らって、

「ここです」

と、台所脇に案内してくれた。見ると、硝子（ガラス）をローソクで焼き割って、鍵を外してはいっている。私は、

「これは説教じゃない」

と、大きな声で叫びました。そして警察の人たちのいるところへ、無理無態に飛び込んで、

「説教じゃない説教じゃない」

と、それが説教でないと信ずる点を、血相変えて饒舌（しゃべ）ったのであります。それにつり込まれて、警察の人たちが呆気（あっけ）にとられている隙に、三宅女史に、必要なことだけ聞きとめて、ますます説教でない確信を深めて、いそいで表に飛び出しました。一刻も早く、社に電話をしなければならない。ところが不便な砧（きぬた）村のことで、公衆電話など容易に見つからない。やっと引込線（ひきこみせん）を見つけて、とある家に駈け込んで、拝借の願い出をしますと笑っている。それもその筈で、電話室の中には、先着の同僚がすし詰めになって、一人は原稿を書き、一人はそれをひんめくり、電話で読む者に渡している。それを、その家の人も熱心に聞いていたのであります。と、その記事というのが、頭から説教強盗にしてかかっている。

「恐るべき説教強盗は、今暁午前四時府下砧村喜多見台なる女流作家――」

飛んでもない誤報であります。私は義憤を感じました。

「おい、ちがうよ、説教じゃないよ、説教と断言しちゃ不可ないよ」

はらはらしながら注意しますと、電話をかけているのが、足と手を振りながら、「黙っとれ、俺たちのやってる仕事だ」という意思表示をいたします。拍子がわるいと思って時計を見ると午後二時半。それにしても、ここまで時間をのばしてまで、この記事を待っていたのであります。被害者が、被害者だけに、ニュースバリューがあった。やっと受話器を受けとって、

「もしもし、今の記事は、すべて説教説教になってますが、はっきり説教にきめておくとあとで変なものになりますよ」

というと、責任者も、

「そんな馬鹿なことはないでしょう」

と、これも説教にきめてかかっている。

「だって、従来の本物の説教とは、全然ちがう。一寸イリを見ただけでも、靴は穿いてるし、それにローソクの焼切など、すべての点がちがうのだ。そういう相違点だけでも書いておかないと、あとで変なことになりますよ」

「それじゃあ、それを記事にしてくれ給え」

私は頭の中で記事をまとめて、十一ヶ条ほどの相違点を、そのまま電話でおくって、全然、別な強盗犯にちがいない――と結んだのであります。

これで私も、（ここまで来た甲斐があった）と思って外に出てみると、同僚は引きあ

げて一人もいない。かえって有難い、もう時間の制限も受けずに済む。こう思って、もう一度現場に引きかえし、やす子さんのお宅のまわりの林の中などを、念のために、歩いてみたのであります。どうも昼間のうちから林にかくれていて、寝静まるのを待っていたらしい形跡があったからであります。

果たして、私は林の中で、犯人が時間つぶしに読んでいた古雑誌を発見しました。頁をめくってみると、ある一頁の余白に、小説中の一文句を真似て、『御意にござります――』と書き、その下に『福島県安達郡』と書いてありました。（占めた、いよいよ説教ではない。説教は字なんぞ書けやしない）こう思って、ますます確信を深めて社に戻って来ました。

社にかえってみると、先に戻った連中の中の、某君というもっとも勢いのすさまじい記者が、夕刊を終って、ホッとしている連中に、一斉に取り巻かれて、非常にもてている。何しろ、今を時めく女流作家が襲われたので、「いったいどうなんだ？　ふんそれから？」という風に、実にくわしい限りの質問攻めにあっている。

某君は、得意になって、

「説教ていう奴はうらやましい」

などと云っている。私は、そのスクラムの蔭で、ゲラ刷りになって来た夕刊を手にとって見ると、何と驚いたことに、夕刊二面は、全段ことごとく、ゴジック入りの説教記事で埋められている。しかも四段とおしの組で、なかなかにすさまじい紙面になっております。

そうして、私が、あれほど念を押した点はわずか十五六行で標題もほんの二段で「従来の服装と少しく違う――」と簡単にあしらってある。

これを見た瞬間、私の感情は頂点を突破しました。

「Sさん」

責任者（デスク）をそう呼んで、

「これは、ほんとに説教じゃありませんよ」

と叫ぶと、大勢に取りまかれていた、その説教魔にした張本人の某君が、

「きみは何を云うか。そんなことは、刑事にだって判りゃしねえ。それがきみなんぞに判ってたまるか。説教だよ。説教とした方がニュースバリューがあるのを知らないか」

この暴論、如何にして救うべくもありません。

責任者（デスク）は席を外して食堂へゆきました。やがて、夜のデスクが出て来ました。朝刊の責任者であります。これに私はがんがんと、三宅女史を襲ったものは説教に非ず、その理由はかくかくと説明しますと、

「なるほどよく判った。しかし、このとおり大きく夕刊で説教扱いにしたものを、急に打消す訳にはゆきかねる、何とか便法はあるまいか――例えば、警視庁内で、新説が台頭して、三宅のは新たの犯人だと称しているとか何とかいう様な風には――」

と申します。私も（なるほどごもっとも）と思った。責任者（デスク）も、（今日はすばらしい

夕刊をつくろうと思って、一気に説教扱いにしたのである。それを根こそぎ、そうでないということにするのは不可ない。これは、そこの気持を汲んであげて、そっと庇ってあげなければ）と考えつき、円熟した夜の責任者の説にしたがったのでありました。

果たして、間もなく、この三宅女史を襲った強盗はつかまりました。ご承知の如く、犯人は岡崎秀之助でありました。あのとおりだらしのない人間で、男のいるうちは怖くてはいれないという軟派の犯人で、だから最後は、松坂屋で女店員に追いまくられて、苦もなくつかまったのであります。

ところで、これを説教としてしまった新聞が、これにどういう名称を附したかは、実に興味ある問題であります。

ある新聞は、説教第二世と弁解的名称をつけました。ある新聞は、講談本をもっていたというので講談強盗――まことに苦しい扱いでありました。

本物の説教強盗は、こうしたジャーナリズムの狂態を、どこでせせら笑っているのか、さすがに、一世の貫禄を見せて、容易に操作の網にかかりそうもありません。

相変らず、堂々たる屋敷を狙っては、魔物の如く寝所に侵入し、

「ああもしもし、私は本物の説教ですけど――」

などと、実に皮肉たっぷりなことを申します。そして、犬を飼えだの、ここの犬は仕込み方がわるいだの、この家の人たちは下駄の脱ぎ方が乱暴だの、至れり尽くせりの説教をして朝までぐっすり寝込んで、警戒のとけたところで、すうッと消えてゆきます。

そして逃げる時は、二間も三間も一足飛びに、しかもやや斜めに走って逃げてゆきます。

こういうところから、古い刑事たちは、

「説教は、ほんとに山窩かも知れないぞ」

と、本気に云うようになったのであります。

同時に、（いったい山窩とは如何なる者であろうか？）と私も真剣になって考えはじめました。

その折も折、ある刑事が、江古田の籔の中で、説教の捨てたザイガラを拾ったのであります。ザイガラ、即ち財布の空であります。

そこで私は大塚大索さんという古い刑事に山窩のことを聞いてみました。これは実に、すばらしい組織をもっていて、捕まえたところで、なかなか本音を吐くものではない。だから現行犯をおさえるよりほかに方法はあるまい――などと聞かされて、非常に興味をおぼえたのです。

いずれにしても、この山窩から、先に調べてみないことには、只漫然と歩き廻っていても仕方がない。こう考えた私は異状な興味と感動とをもって、まず山窩について、その過去における犯罪から調べはじめました。

そして最初に、私のメモにのぼったのは、明治四十三年頃から、大正三年頃にかけて、東京府下の三多摩地方を、全く妖魔の如く襲い廻った黒装束五人組事件でありました。

その犯行振りは、説教どころの騒ぎではなく、二尺ぐらいの日本刀を、まん中からぶち折って、扇子ぐらいの刃先にしたものの、その背中にも刃をつけて、これを提(ひっさ)げて、まっ黒づくめの覆面で押し入っております。

そして、侵入するや否や、小指よりも、もっと細い、長さ二尺位にした竹串に、紙をぐるぐる巻きにした奴を、畳にぶつぶつと差して、それに火をともします。これは少々の風などではなかなか消えない。

この首魁は石井力蔵という山窩であり、またの名を桜井団蔵〔内妻・留の姓〕とも云ったし、仲間は関東兄哥(あにい)と呼んでおりました。彼は関東の親分だったのであります。

この被害は三多摩地方を中心に、遠く山梨、神奈川、静岡、それから兵庫など一府六七県に及んで、それは大変な被害件数であります。

そこで警視庁も躍気になって探査をしたのですが、何しろ、その頃の警視庁の捜査というものは、警察同志で犯人の奪い合いはするし、また警察と警視庁自体が秘密主義は取るし非常に連絡がなっていませんでした。

その上、当時は捜査の主任とか司法主任の中心主義でなく、所謂(いわゆる)名探偵主義、名刑事主義だったので、一人の刑事はそれに通じていても、他の刑事には秘密にされているという有様。まして、交通不便な三多摩地方と来ているので、思うようにゆかなかったのであります。

この捜査を受け持ったのが、名探偵大塚大索氏であります。大塚刑事は、根気よくこれを追って池上本門寺裏の林の中などを歩いていたのであります。すると果たして、本門寺裏の櫟林の中で、一枚のお菓子袋を拾いました。それには甲府のお菓子屋明月堂の判が押してありました。

（これこそ山窩の捨てたものにちがいない）

と見込みをつけた大塚刑事は、これをさっそく甲府警察に照会しました。

そうすると、甲府には甲府で、島田という名探偵がおって、その照会を、そのまま横領してしまったのであります。

そこの、奥多摩の峠を一つ越せば、向こうは山梨県ですので、向こうでも、峠向こうの三多摩を荒している奴が、こっちを荒した奴にちがいないと、ひそかに狙っていたので、（これこそ唯一の材料）、これを警視庁にとられてたまるものかと、材料の猫婆をきめたのであります。

数年前に、このことを島田さんに皮肉ると（そうでもないんですがね）とにやにや笑っていました。

だが事実において、島田刑事はさっそく明月堂を調べ、いつ、どんな者に、この袋に菓子を入れて売ったかを調べ、それからそれへと手をのばし、山窩の一人を買収したりして、苦心の揚句、黒装束五人組は、山口団蔵一味であることを手繰ってしまいました。

そうして、いよいよ単身でこの山窩の一味を追っかけて、日本中をぐるぐる廻って歩きます。実に剛胆な人で、柔道なども大変によく出来るし、京都では乞食の集団を山窩のセブリと思って出かけて行って、これに襲撃されて、これを一人一人相手にして、十幾人かの頸を、のこらず摑み外して、度胆をぬいたという腕力の強い人であります。

かくして苦心二年の後、団蔵一味が、甲府竹ノ鼻の池際に立廻ることを突きとめ、全県非常召集を行って、遂に団蔵一味以下約五十人ばかりの山窩を一度に検挙したのでありました。

五人組の犯人は、この団蔵のほかに、団蔵の情婦を加えて六人だったのでありますが、いつも屋外で、彼らのいうマッパ、即ち見張りをしていたので、被害者には気づかれず、五人組と見なされていたのであります。

さて、この五人組、即ち六人組は検挙されたが、容易に口をききません。これは、現在無期で○○〔監獄〕にはいっている筈であります〔無期の団蔵は昭和十年天長節に仮出獄〕。

それから、次に、私のメモにのぼったものは、昭和八年の春、静岡県の内房村で、江尻署の駐在巡査松本房吉氏を四十八ヶ所斬った、強盗事件であります。

ある晩のこと、あの富士川縁の内房村の駐在所を、遠慮しながらおこす者がありました。駐在松本房吉巡査は、また賭博に負けた者の逆恨みかと思って、寝たまま、いい加減にあしらっていると、実は強盗にはいられ、このとおり撲られたと申します。驚いて出てみると、頭をぐるぐるに巻いている。事情を訊くと三人づれの強盗が押し入って、このとおり撲られたが、その隙に家内が外に出て火事だと叫んだので、そのまま逃げたと申します。松本巡査は（こいつ、山窩じゃあるまいか？）と思ったら、急に怖くなったそうです。

　そこで、その被害者は、帰しておいて、身支度をして出てゆきますと、運のわるいことに、途中の郵便局のところまで来ると、局の中からサーチライトのように電気の光がほとばしり出ている。（はてな？）とのぞくと、一人の怪漢が、山刃(ウメガイ)を振り冠って局員を脅迫している。

　このありさまを目撃した瞬間に、今までの恐怖は一気に消え去って、細心の注意を忘れて、只一途に怪漢に飛びかかってゆきました。

　そうすると、一人だと思ったのが、ほかにまだ二人おりました。一人は後側(うしろがわ)に一人は屋外にいました。そのうちの後側にいたのが、すぐ加勢に飛び出したので、この二人を相手に大格闘となったが、さすがに松本巡査の気勢におそれて、後側から来た奴と外にいたのは逃げました。そこで一人だけと組打ちとなりましたが、松本巡査は全身四十八ヶ所を斬られました。それでもなお犯人をおさえているところへ、戸外に飛び出した局員が警鐘を乱打したので消防など出て来て、これを叩き伏せ、巡査は病院にはこばれました。この騒ぎの最中に、さっき逃げた二人が、また仲間を奪いかえしに来ました。

　その時のやり方が実に狡猾(ずる)い。もし相手が強かったなれば逃げねばならない。逃げるにしても、只では逃げないというので、外した雨戸を逃げ道の井戸にかぶせて、追って来るのを待っていて、井戸に落そうというのであります。その井戸というのが、普通の井戸のように高い枠がついていなくて、地面に掘ったままで、まわりにひくい石を並べてあったので、それに雨戸を冠せ、来たら雨戸を引いて、井戸に落す考えだったのであります。幸いに落ちた者はなかったと記憶しますが、そういう風に、普通人の考えつかない、なかなか原始的なことをやります。

しかし消防組の人たちと、混戦乱戦を演じましたが、遂に奪いかえすことが出来ず、二人は逃げてしまいました。そこで捕まった方を江尻署におくって調べてみると、これは一名佐藤の鹿という山窩で、本名は高橋鹿男〔近雄〕と名乗ったきり、他のことは、何を聞かれても一切白状せず、どこの生れやら、生年月日がいつやら、遂に云わずに犯行も歴然としているにもかかわらず、俺は知らぬと否認いたしました。

が、当時の小田という検事さんは、これを否認のまま起訴して、予審におくり、予審判事の千葉さんも、これを公判に否認のまままわしました。判事さんの名は一寸忘れていますが、一も二もなく、死刑を申し渡しています。勿論こういう犯人ですから、控訴などするという考えもなかったと見えて、そのまま服罪したところは、実に諦めのいいものであります。

その後において、この共犯も捕まりまして、同様死刑になりましたが、一説に依ると、これは山窩の親分が、捕まるように仕向けたとも云っております。

私は、この事件については、幸いにも一命を取りとめ、功労賞を貰って、退職して、興津の町役場にいられた松本さんにお会いして遭難談を聞いたのですが、実に無気味なものです。

富士川は、ご承知のとおり、日本一の急流ですので、あの川の渡船は、鉄の棒を両岸に渡して、それに鉄輪の動くのを嵌（は）めて、船をつないである。

船が流れないためですが、その繋索線を、逃げた二人は、山刀（ウメガイ）で叩き切って、闇の富士川の急流に、棹もささずに、空手（からて）で船をあやつって、一里も川下に下って、絶壁についてそこから、わずかばかりの藤蔓につかまって対岸によじ登り、身延（みのぶ）をさして逃げております。

このありさまを検証した当局の人々は、あまりにも、人間ばなれのした猿（ましら）の如き身軽さに、しばらく口も塞（ふさ）がらなかったと申しておりました。

まったく端倪（たんげい）をゆるさぬとはこのことでありましょう。

*　*　*

このほかにも、千葉の源八事件だとか、広島の青淵（あおぶち）渡りの春助事件とか、いろいろありますが、こういう過去の山窩の犯罪事件を、私は説教強盗の出没最中に調べまして、(もしも説教が山窩であるとすると、これはもう、いろんな意味から大変なことだ)と考え、一層の情熱をもって、研究に余念なく没入したのであります。

然るに説教は、ああして、ようやく捕まって、市民は四年振りに安堵の思いをしましたが、彼もまた運命を知ったか、素直に犯行を認めて、すらすらと無期に服罪したのです。

それで、山窩の研究もやめとなったかと言えば決してそうではない。当局が何故もっと洗っておいてくれなかったか？　ということであります。

私にとって只一つ残念なことは、説教強盗妻木松吉の素状を、と申しますのは、妻木の父はヤモリだったということで、そして彼は窃盗罪で甲府刑務所に服役中の、母の体内にいて、獄舎で生れたのであります。

このヤモリと申しますのは、『山守（やまもり）』のことであります。これは山林の所有者にたのまれて、山の火、野の火を警戒するために、金を貰って山の番をしている者の名称で、これを山窩は、『ヤモリ』と発音いたします。

依って私は、彼もまた山窩か、さもなくば、それに流れをひく者でなければならないと考えているのです。ですから、刑務所にいる彼について、お調べ願えれば大変に有難いと思います。

彼は、元、雑司ヶ谷の左官屋の弟子だったのですが、山梨県あたりからやって来て、徒弟にはいったりすると、ちょっと素状は判りません。

それに、山窩には、セブリ山窩のほかに、『居附（いつき）山窩』と云って、ちゃんと、普通の人家に住んでいるのもありますので、その識別に困難なのも随分あるのであります。右の如き事情に依りまして、私の山窩研究は、まず彼らの状罪の面から始まっております。

そこで山窩の犯罪には、どういうのがあるかと申しますと、まず巧妙なのが土台掘りでこれは実にうまいものです。

静岡県の大宮で、その土台掘りの穴を一つ見ましたが、その穴は実に小さいので、握り拳を、二つ重ねただけのものが、ようやく這入るかはいらぬかぐらいしかない穴でした。

そんな小さなものの中に、どうして這入って、土台より向こうにゆけるかというと、これがなかなかにうまい。

ながいこと、山窩を手がけて来た人の話に依ると、彼らは、この穴の前で莫蓙を蓑虫みたいに冠ります。そして頭の方を、穴にさし込んで、その拍子に、右の足で、ぽんと大地を踏ん張る。と、その勢いで、つるりと向こうに抜けるのであります。

ところが、土が固すぎたりすると、そいつをやりしくじることがある。

静岡県で、一度、こういうことがありました。これは静岡県吉原署の司法主任の方から聞いたのでありますが、丁度、お蠶どきでありました。

あるうちで、おそくまでおきて蠶の番をしていると、なんだか土間の土台下がもくもくと持ちあがって来ました。見ていた人たちは、てっきり土鼠だと思って、いきなり鍬をとって掘ったのであります。

農家の人は、畑の中などで、向こうから、土を持ちあげて走って来る土鼠を見かけるとよくこの手を用います。土鼠は、明るいところに、急に掘りあげると、目を廻して歩けなくなる。そこを、この野郎と打ち殺す。そしてちょっといい気持になるのですが、その手をやったのです。

すると、変な、とてもどっしりした手応えがあって、鍬の先で、ちぃゅうと、水の中の中風から空気の漏れるみたいな声がしました。（はてな?）と鍬をゆるめた隙に、土が、わやわやとくずれ込んだので、いよいよ怪しいというので、外に廻ってみたら、土台掘りが、すでに逃げたあとであった。つまり、つるりと辷り込んだところを、いきなり掘ったので鍬が眉間にささったのであります。

ところが、一ヶ月後になって、眉間に膿を一ぱいに溜めた老人が、未明の乗合自動車の中に、反物を入れた風呂敷包みを背負って乗り込んで来ました。それを吉原署員が不審に思って、引致して調べてみると、反物はすべて窃盗品であり、これは七十一歳になる老山窩でした。そこで、こないだ、土台掘りをやったのはお前であろう。かくしても眉間の傷が承知しないぞ。と云ったが、

「どういたしまして、私はこの年になって、こんなことをしなければならない哀れな自分をはかなんで、死のうと思って、谷に飛びおりてこの怪我をしたんです」

と涙ながらに訴えたので、どうせ、土台掘りは未遂のことでもあり、ひどい目にあっているので、反物その他の窃盗だけで送局したということでありました。

この話を聞いた時、その老山窩は、丁度静岡で懲役に服したばかりだというので、送摘（送致摘要録）を見せて貰うと、その姓名が△△△という名前でありました。しかも窃盗前科三犯、本籍が、神奈川県橘樹郡×××村〔御幸村〕となっております。私は（こ

れは変だ?)と思いました。

と申しますのは、△△△△という山窩は、現に、この帳面にあるとおりの本籍地の神奈川県橘樹郡×××村の〇〇神社の境内(けいだい)のセブリに、ちゃんといるのであります。

私は、その本人に、その前に、非常な苦心をして会って来たのであります。このことはあとで、瀬降に一歩を踏んだことについてお話し申しあげますが、その人間が、刑務所にはいっているとはどうも変だ。そう思ったので、鞄の中から、ノートを出して、その司法主任さんに、その訳をはなすと、司法主任さんも驚いて、「どれ」と云ってノートをのぞきます。私は、

「この×××村というのは、多摩川縁(べり)の、梅で有名な×××〔小向梅林〕のある村ですが、そこに〇〇神社〔天満天神社〕という村社(そんしゃ)があって、その境内にいるのです。年こそ少し若いが、女房もあって、名はお菊さんと云って、眼は淋菌がはいって、風眼(ふうがん)でつぶれたが、色がぬけるように白いのです。皮膚などは透きとおるほど白くて大変に綺麗でした。但し、当人の△△△△は顔に天然痘のあとがあって、なかなか気味のわるい顔ですが、それだけに、それが特徴ですから、まちがいありません」

と説明したのです。そして「これは参考のために、もう一度お調べになったら」と云ってお別れしたのですが、警視庁で指紋原紙で調べてみると、指紋原紙は一枚しかなくて、それにある前科の年月日など、吉原署の調査と全く同一ですが、年齢は、娑婆(しゃば)にいるのの方と同一でありました。

ですから、私にも、どちらが本物であるのか判りません。これも何かの御参考になると思います。

＊　＊　＊

土台掘りの話をしているうちに、ふと思い出しましたが、昭和三年の十二月の中旬に府下の下石神井、今は板橋区になっていますが、その下石神井の鴨下さんという豪農のうちが、奇怪な土蔵破りに襲われました。朝になって、若い方のお内儀(かみ)さんが、土蔵に着物を出しにゆくと、表の錠はちゃんとかかっているのに、中にはいってタンスをあけると、二棹(さお)のタンスがすっかり空(から)になっていました。中には衣類六十数点三千円のほかに、現金も百十円ばかりあったが、それが細紐(ほそひも)一本ものこらず、消えうせている。

驚いて調べてみますと、後の腰壁(こしかべ)の、地面から一尺もないところを、約八寸四角に切って、そこから侵入して、衣類金品のこらずはこび出したことが判りました。

私は、板橋警察の渡辺司法主任の一行に加わって現場を見ましたが、八寸四方の穴では、私の頭は一寸(ちょっと)はいりません。ちょっとあててみましたが、頭は耳や鼻に怪我をする覚悟ならはいるが、肩はどうしてもはいりません。

それを楽々とはいって、どえらい仕事をやらかしていたので、実に驚きました。

これなどは、いまだに検挙されません。私は、これこそ山窩の所為だと思っております。

彼らは、こういうのを、ムスメのコシマキを捲（まく）ると申します。即ち土蔵を破るという意味なのであります。

この直後において、池袋でも、質屋が、コンクリートの下を掘られて、大変な被害を受けました。これなど全く、前に申した静岡県の土台掘りと同一手口でありました。これも未検挙に終っております。私は、これも山窩の臭気が大いにしているように思っております。

次に、彼等のうまいのは、『吹抜（ふきぬき）』であります。

一見鋳掛屋（いかけや）などを装っていて、ブリキ缶などに、松炭（まつずみ）を入れて持っていますが、あれを夜になると吹抜に使います。錠前（じょうまえ）のところに、あの火を吹きつけて、焼きぬくのであります。中にはゴム靴直しなどに化けているのもあります。

線香で吹きぬくのもありますが、これは怪しまれるので、まず少いのであります。先刻はなした三宅女史を襲ったのなどは、ローソクを用いているが、山窩は、あんな裸火（はだかび）は絶対に使いません。

次は『戸切（とぎり）』であります。これは、独特な切れ味をもった、ウメガイだの、コベルという薄刃（うすは）の刃物を使って、実に巧妙に切るのであります。

兵庫県下で一つ見たのですが、それは三日月型に切りぬいてありました。それを家人は三日も気づかず、平気で雨戸をあけたてしていました。それが四日目になって、ぽかりと三日月型のところに、あてがってあった部分が外れたので、気づいて騒ぎ出し、調べてみると、金庫の中が、がらがらになっていたのであります。

それは大抵雨戸の施錠のところを、こういう風に（扇子で斜めの形をする）刃を向けて切って、用をすまして、唾で舐めてぴったりと嵌めてゆくのであります。ですからなかなか外れないのであります。黒装束五人組は、よくこれをやりました。

それからもう一つは『天蓋破り』これは屋根の瓦を剝ぐ、あの芝居でよくやるやつであります。

警視庁の手口調べには、天蓋師の手口は、天蓋師として一つの分類にはいっていますが、これは山窩が、ずっと昔に忍びの術をやる時に案出したのであります。この忍びに関してもあとでお話しいたします。

このほか、まだまだありますが、これも時間がゆるしませんので、犯罪手口はこのくらいにして、彼らが、他に向かって、口の固いという実例を、一二紹介しておきたいと存じます。

＊　　＊　　＊

それは桶川の太一の一味の腕切事件であります。

桶川の太一という山窩の身内に、不都合な奴がおりまして、その者が、桶川在の豪農の篠田某という家に、窃盗にはいろうとして、戸切をやりました。そして今申し上げた方法で施錠のところを切り抜いて、錠を外そうとして、中に手をさし入れたところへ、家人がおきて来て、その手を、中からぐいと摑んだのであります。

これにはさすがの悪党も驚いて、いそいで手をぬこうとしたが、どうしても中からはなしません。よほど胆力の据わった家人だったと見えまして、雨戸に足をかけて、ぐいぐい腕を引き入れました。ついに肩のつけ根まで引き込まれたので、もう駄目だと思ったが、彼奴は、自分の腕を、つけ根から、すぱりと切りはなして逃げました。

これには、不敵な家人も胆をつぶしてしまいました。腕を摑んだまま、尻餅（しりもち）をついたのですから、そのあと味のわるいと云ったらない。一時気を失ったほどでした。

この腕を切った者は、それから十町ほどはなれた桑畑（くわばたけ）の中で死んでいたのであります。しかし、何者とも、その身分素状が判らず、腕を切ったウメガイ（山刃）なども、どこへかくしたか、持っていなかったのです。

しかし後年に至って、これが桶川の太一の身内の者であったことが刑事の耳にはいったのであります。私は、板橋にいた頃家に山窩を住ませたりして、いろいろ鎌（かま）をかけて、その者の身内の素状などを聞き正そうとしましたが、どうしても、笑っていて云いませんでした。指紋のない頃の事件でありますので、真の素状など判りません。

このほかに、女の子で、同様のことで、腕を切ったお小夜（さよ）というのが、東京に居たのですが、これは既に作品に書きましたので省きます。

こういう風に、どうしても、自分の身の素状を、命に賭けても秘（かく）そうとするのは、結局自分一個のことよりも、それが同類に及ぼすことを極力恐れるからであります。俺が口をあけたら、仲間の者が迷惑をする。そして親分に心配をかける。これ以外に理由はないようであります。この点、実に義に固く、これを善導すれば、すばらしいと思われます。

　こういう例は、大阪府の岸和田でも一度ありました。何かに一度書いたと思いますが、岸和田署の仙石さんという刑事が、窃盗の現行犯に密行中ぶっつかって、その犯人を真夜中に追跡いたします。

　そうして岸和田裁判所の前で、ようやく捕まえて大格闘となります。私は現場に行っておりませんが、当時の岸和田裁判所の前には、枸橘（からたち）の垣根があったそうで、これに仙石刑事はおしつけられて、あの棘（とげ）にお尻をぶすぶす突き刺されながら、やっとのことで取り押えました。

　そして、翌朝になって、いよいよ取調べるという段取りになったところが、「もう少し休ませてほしい。そしたら、すべてを饒舌（しゃべ）るから」と云うので、そのとおり、休ませておくと、その隙に、留置場の中で、あの扉の鉄の棒にひもをつるして首を縛って死んでおりました。

　その死態が、べろんと舌を出して、にやにやと笑っていたそうであります。その恰好が、実に刑事や看視巡査を、嘲笑しているように見えて、何だか死神に追っかけられているような気がして、気味がわるくてたまらなかったと、仙石さんは、当時のことを書きおくって来ております。

こういう風な、義に固い一面に、私はいつ知らず魅惑されて、どうしても山窩に会ってみたい。そしてセブリも見たい。こう考えて説教強盗など、解決したずっと後においていよいよセブリをさがして歩く決心をしたしたのであります。

というのは、これまでは犯罪の面からばかり眺めていたが、そうでないものがあるにちがいない、何か、知られていない、かくされた美しい世界があるにちがいない。こう考えて、セブリを自分でさがすことになったのであります。これからがようやく本題であります。

下

瀬降（せぶり）の処女踏査

そうして初めて瀬降（せぶり）をたずねたのが、八年前の夏でありました。当時の私は、まだ月給取りでありましたので、社から貰った上半期のボーナスを、大切にとっておいて、それを旅費にして、暑中休暇を利用して出かけたのであります。

その日は大変に暑くて、池袋駅まで出かけて、中止しようかとさえ思ったほどでした。しかし、夕方には、既に多摩川縁（べり）の瀬降についていました。

この瀬降の所在は、多摩川縁の、○○〔久地〕神社の境内であります。

瀬降の主は、△△△△〔溝口亀吉等〕という者で、この瀬降の所在は、あらかじめ調べておいたのであります。

それで朝日新聞の、当時私の所属していた部の責任者に、この旅行のことを届けますと、「それは止したがよい。どうしてもゆくというのなら警視庁にはなして、ピストルでも持ってゆけ」

と申します。しかし私は、そういうことをすると、かえって危険感を招いて、相手を撃ったりしないとも限らぬと思ったので、それはやめました。

そして、万一危険なようだったら、無理をしないで、（逃げて来たらいいのだ――）と思って、至って気楽な心境で出かけて、成功いたしました。

世の中に、案ずるより産むが易い――と云う言葉がありますが、実際そのとおりで、私は一種の計略をもって瀬降にはいることが出来たのであります。

と申しますのは、私が瀬降のある、その○○神社の境内に登って行きますと、当の△△〔溝亀（どぶがめ）〕が、その神社の拝殿の後側で、夏の昼寝をしていたのであります。

私は、（変な奴が寝ている、まるで絵に描いた雷さまのようだ）と思いました。それというのが、それがまっぱだかで、赤い腹がけをかけ、顔には天然痘のあとが、蜂の巣みたいにあって、おまけに、眉がぴりっと逆の八の字になっていて恰度（ちょうど）雷様の絵にそっくりだったからであります。

それでも、これが山窩の△△と云う男とは知らないから、境内（けいだい）から、すぐ向こうに見えているかれこれ三十間ばかりはなれた西側の木の葉にかくされている瀬降を、目で、さぐりさぐり背のびをしていました。

すると、今まで眠っていた△△が、この闖入者に、犬のように、すばやく目をさまし、いきなり、「あなたは何しに来たんですか？　測量ですか？」と申します。

私は大変びっくりしたのでありますが、また、ほっとしました。私が、五万分の一や、二十万分の一の地図を、沢山抱えていたので、彼が都合よく感ちがいしてくれたのであります。

私は、この一言を浴びせられた瞬間、（これだな△△は！）と直感しました。（これ幸い）と思ったので、「そうです。神社から神社へ向かう道を調べに来たんです」と申しました。すると彼は、汗と脂でピカピカになった枕を、小脇に抱え込んで、私にのしかかって来て、「それなら私がおしえてあげましょう」と云って、さて神社から神社への通路について語ること語ること。それが実に詳しいのであります。およそ関東の神社という神社でその名を暗記していないのは一社もない、と云っていい位、実によく饒舌ります。

何処の何々神社から、何々神社へいくには、どんな地形の道を、どういけば、何里あって、どれだけの時間がかかる。どこから、どこまでの間は、何里何町だが、その間には、どう云う建て方の何々という神社が幾つあるという風に、その記憶の深さには全く驚いてしまいました。

私はだんだん困って来ました。（こんなに親切におしえられては、義理にも、次の神社へ向かって歩いていかねばならぬ。）そう思いながら、なるほどなるほどと云いながら、ながいことお説を拝聴した上で、私は急に腹をおさえて、さも、苦しさに耐え切れぬという表情をして腹痛の真似をしたのであります。

しますと雷公が、果たして、「どうしました？」と聞きますので、「昨夜枝豆を食べながらビールを飲みすぎて、それにやられた」と申しますと、彼は「それはいけない」と心配そうな顔を見せました。私は、「水々、水をくれ、薬をのむ」と申しました。彼は、せきたてられたような顔になって、枕を振り振り、瀬降に水汲みに駈けていくので、私はすかさずそれを追っかけて、訳なく瀬降に闖入することが出来ました。

掟（おきて）にかなった瀬降

さて瀬降を見ますと、これは、実に立派に山窩の掟にしたがった瀬降でした。

それが、どうして、山窩の瀬降であるかと申しますと、こういう風に、掟にはまっているのであります。正面がこういう風になっていて、その正面に、こういう風に爐（ろ）が切ってあります。これは断面図でありますが、爐は、こういう風に、枠も何もなく、いきなり地面に掘ったままでありました。

そして爐の上には、こういう風に③二本の棒を拝み合せにした鍋釣（なべつり）を立ててあります。

そして、この二本の棒だけでは、ぐらぐらするので、拝み合せたところに、藤蔓を結びつけ、それを上の梁(はり)に縛りつけて鍋をかけてありました。

これが、まず山窩か否かを決定する、一番手っ取り早い見分け方となっているのであります。

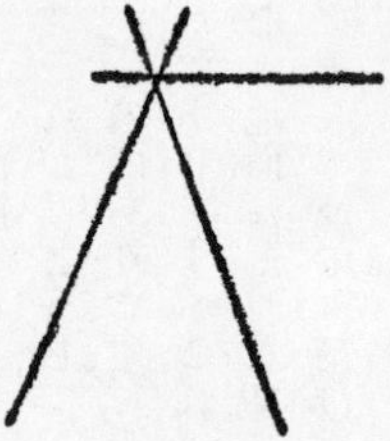

①

②

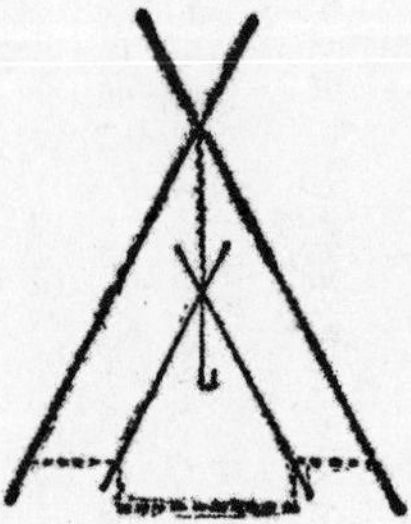

③

この方式は、彼等のハタムラ即ち掟であります。どういう訳で、こんな入口の正面に爐を切ったりするのかと申しますと、これは外を警戒するためだと云っております。

そもそものはじまりは、昔、山窩の中から出た彦根藩の隠密伊賀の万蔵の瀬降だそうであります。万蔵は有名な山窩出の隠密で彦根藩に徒歩衆(かち)で抱えられたのですが、奥の方に爐を切ると、自然外の警戒がおろそかになるからと云って、この方式をはじめたのだそうで、万蔵は藁人形に着物を着せて、この入口の爐端(ろばた)に坐らせ、常に瀬降に人のいるが如く見せかけたと伝えられております。

この怠堕を戒しめたところを、丹波の大ヤゾウ、即ち大親分が、いたく推賞して、これを一般の瀬降に、掟(ハタムラ)として用うるよう制定したということでありますが、これも、山窩が乞食と混同されない為に、この方式を永久に用いているのだと彼等は申しております。なるほど彼等は、三本棒の鍋釣を立てている者を、すべてマメツだと申しております。マメツというのは乞食であります。

山窩に似ている普通人

ここで思い出したのは、私の体験談でありますが、私が山窩のことを書きはじめた当初の頃でありました。読者から、荒川の鉄橋下に山窩がいるから見にいけという手紙がまいりました。さっそく行ってみると、三本の鍋釣を立てているので、煙草の火を借りたりなどして、話し合ってみると、何と驚いたことに、これは深川の、ある青年と、その彼の女との隠れ小屋でありました。

そのほかに、もう二つ同様の手紙が来ましたが、行ってみると、その一つは桐ヶ谷でしたが、それは乞食であったし、もう一つの洗足のはバタヤでありました。いずれも、三本棒を立てて薬缶(やかん)などつるしてあったのは、ほほ笑ましいものでした。

ところが、山窩綺談『瀬降と山刃』を出版して間もなく、その読者である長谷川辰之助という千葉の人から手紙が来まして、千葉〔茨城〕の四万騎(しまき)ヶ原に瀬降があるから知らせるとのこと、さっそく出掛けてみると、これは立派な瀬降でした。

四万騎ヶ原は、義経〔義家〕が四万の騎兵を伏せたと云う実に広い野原でありますが、その原の中の松並木の中に、清水の湧くところがありまして、そこに実に立派な、本格的な居附山窩の瀬降がありました。ちゃんと二本棒を立てて、その入口に切ってある爐など、多摩川縁の瀬降と寸分ちがわないものでありました。

これを、おしえてくれた長谷川氏は、元村長など勤めたことのある人で、考古学会の会員であったので、かく正確だったのだ——と思い、お目にかかって、「この土地には山窩に借金をしている者がある」などといういろんな参考になる話を沢山聞いてまいりました。

山刃（ウメガイ）は山窩のシンボル

次に、私が、その腹痛の真似をしながら、はじめて瀬降をたずねて、まず見たいと思ったのは、彼等が命よりも大切にするところの、あの山刃（ウメガイ）でありました。

この山刃（ウメガイ）と云う文字は、私があてはめた文字でありますので、これが正確かどうかは判りません。言葉があって文字のない彼等のいうことでありますので、こう書いて、紹介するより方法がありません

その形でありますが、それはこういう三種類のものであります。

絵がまずいのでありますが、もう一つ(2)は、こう云う風に古代の神剣に似た型であります。

(1)

(2)

こういう先の折れたのもありますが(3)、これは、日本刀をぶち折って、背中に刃をつけたもので、これは本式の物ではありません。内密の兇器であります。

(3)

現今の山窩のものはどれかというと、この第一であります。この第二は、非常に少いようであります。第三は、前に申し上げました、例の黒装束五人組の一味が、兇行に使用するために、日本刀を打折って、つくったものであります。こんなものは、今はないと云うべきが正しいのであります。

私が腹をおさえながら、それとなくはじめて見たのも、この第一の型でありました。それが瀬降の壁にちゃんとつるしてあったのです。

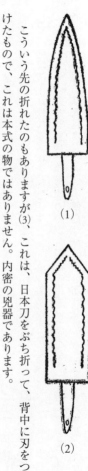

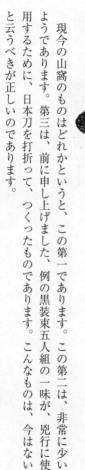

山刃（ウメガイ）の起原

そこで、この山刃（ウメガイ）のおこりでありますが、これは、彼等が生活するために、なくてはならないものとして、そもそものはじまりの頃から必然的につくらせられた物に相違ないのであります。

と云うのは、彼等の職業は、大抵箕（み）づくりや、笊屋（ざるや）や、簓（ささら）つくりであります。近年こそゴム靴なおしや、鋳掛屋や、洋傘なおしなどに転業したものもありますが、昔は大抵笊屋箕づくり簓師（ささらつくり）などであります。

これらの職業は、どうしても山刃が必要であります。まして、箕の修繕をする場合など、その肩のところに、桜の皮や、叩いて柔かく麻のようにした藤蔓を敷き込まねばなりません。その場合、どうしても、この山刃と同一な型をした、小さな金物が必要となります。ですからこれは生活の必需品であり、これがなければ、箕を編み、笊を編み、簓や茶筅（ちゃせん）を削ることが出来ないので、それが後になって彼等のシンボルとなったと解すべきが正しいと、私は信じております。この愚説について喜田博士も同意して下さいまして、更にこう云われておりました。

「もう一つ――の考察資料は、彼等の中から隠密の出ていた事実だ。隠密にとって、普通のながい刀では人目に立つので不便だったのかも知れない。それでそういう箕づくり道具に見せかけたもので、隠密たることをカムフラージュしたのではあるまいか」というのであります。

いずれにせよ、このウメガイを、親分が子分に譲ったり取りあげたりする式などあって、大親分(オオヤゾウ)または親分(ヤゾウ)などと云う支配者の手からおごそかに渡されたり、取りあげられたりするのであります。こういうところを見ると、彼等にとってウメガイは、決しておろそかな物ではないのであります。

山窩の支配者

さて、ここでオオヤゾウ――ヤゾウの名称が出ましたので、一寸(ちょっと)この支配者のことを述べましょう。

山窩の総親分は大ヤゾウであります。その下にいるのが親分(ヤゾウ)であります。この親分に二通りあります。その一つは、大名で言うと国持大名にあたる一国全体を取締る親分であります。これを透破(とうは)の親分と申します。もう一つは国なくて領地ある城持大名にあたるのが突破(とつぱ)のヤゾウ。この三種類に親分は分れております。更にこの下に頭目がおります。これは私の入れた字で彼等はオサキと言っております。こう云うのが『ウメガイゆずり』や『ウメガイもどし』を子分に対してするのであります。だから、このウメガイと云うのは、個人で打たせるものではなくて、親分なるものがどこかで打たせて、輩下に渡すのだと云うことが思われて参りました。しかしそれをどう云う鍛冶屋に打たせるのかについては異常な興味をもって調べております。

しかし、ここへお集まりの皆さま方のような当局の方々が強い権力を以て調べられたら案外手っ取り早く分るかも知れません。私がこの秘密をすっかり曝（あば）くということは興味あるだけに、時日を要することだと思っております。

大道縁（だいどうぶち）と山窩

こういう風に深入りをしているうちに、私は意外なことから山窩のことを大変よく知っているダイドウブジというある種の一群の人たちを知ったのであります。御承知の方もありましょうが、ダイドウブジは、大道縁（だいどうぶち）であります。縁（ぶち）を無事（ぶじ）と訛っておるのであります。これは「いかけや」「桶屋」「洋傘直し」「鋸（のこぎり）の目立」「磨き屋」こう云う種類の者ばかりであります。

この大道縁の連中が××〔板橋〕の×××〔岩ノ坂〕に群居していることを知ったので、たずねてみますと、その中には、山窩に接近している人が随分いました。そう云う便宜な連中を偶然に見つけて、私の側面的山窩研究は意外なスピードをはやめたのであります。こう云う人達は山窩のことをテンバモノと申します。字は『転場者（てんばもの）』と書きます。サンカと云うより、よほどスリルがあって非常に響きがよろしい。

この転場者に関係のある大道縁の見たウメガイ譲りの式は大変なものだそうで、小姓のようなウメガイ持ちを引具した親分が厳然として一段高い段に座ってその前に頭目（オサキ）以下の者をずらりと列席させ、おごそかに「このウメガイを渡すからには掟（ハタムラ）を生命（いのち）に掛けて守れ」という意味のことを云い、渡される方では「守ります」と誓って渡されるのだそうであります。そうしてあとで冷酒などを皆で酌み交してナガレイリ、即ち流入の式を終ります。

一夫一婦の掟

そこで、この掟について調べてみますと、この中には、民法、刑法をひっくるめたようなものもあります。中で一番喧(やかま)しいのはこの『ツルミの掟(ハタムラ)』と申すものであります。私はツルミは『一夫一婦(ツルミ)』と宛(あ)てておりますが、これは女房(つま)以外の女には手を出さぬ。女房(つま)も亭主(おっと)以外の男とは関係を有(も)たない。もしこれを犯せば首を刎(は)ねるというのであります。これが一夫一婦(ツルミ)の掟(ハタムラ)です。

それでは絶対にこの掟を破る者がないかと言うと、さっき申し上げた山口団蔵のような、親分でありながら、強盗強姦の罪をさえ犯した者もあります。こう云うのはどう云う罰を下すかと言うと、親分のやるのは輩下の者ではどうにも仕様がない。そこで、丹波の大親分が、かかる親分を制裁することになっているが、団蔵の場合は大親分に成敗されずに、日本帝国の法律に依って制裁されました。

ここで彼等のハタムラでありますが、これがどの程度まで守られているかというと、これは、どうして、なかなかやかましい。しかし山口団蔵は親分の非行の視察内偵をする役目の、オオツナガリという、大親分直属の検察係を買収していたというはなしもあります。

山窩の検挙訊問

そこで、今度は、そのオオツナガリ、ツナガリについて説明いたしましょう。これは山窩の中の刑事警察官並びに検事を兼ねたようなものであります。これがなかなか面白いので、山窩は、罪状を調べることをアカリイレと云うのであります。アカリイレとは能(よ)く言ったもので、明(あか)りを入れる、即ち訊問であります。

このアカリイレに対して自供することを、グチウマルと申します。この訊問(アカリイレ)、即ち検挙訊問を掌(つかさど)るものが大ツナガリとツナガリであり、大ツナガリは親分の非行を内偵し、ツナガリは一般の者を視察内偵し、常に仲間の掟破り、即ち、法網をくぐるものを捜査しているのであります。

かようにツナガリには二種あります。そして大ツナガリは、丹波の大親分直属であります。これは全国の親分の動静を調べて廻るので、大親分直属となっているので、その権力は大変なもので、言わば、大審院位なところでありましょうか？　この大ツナガリと、かの山口団蔵は相通じていたと云われています。

次にツナガリですが、これは親分に属するものであって、頭目(オサキ)以下一般の仲間に対してのみ執行権をもっていて、これは、風紀に関しては仲々にやかましい。仲間の中で、監獄なんかに行っているものがあると、その妻、即ち女房(キャハン)が一人セブリに残っている。

こういう留守にある女房（キャハン）の貞操を看視したりするのが、この手下（ツナガリ）であります。

その実例は武蔵山窩の河野常広がよく示しています。この男は、仲間から通称馬鹿広と言われていますが、在監者の留守の瀬降に誘惑の手をのべて困る。それは、そう云うことの天才で、非常に仲間の風紀を乱す。

それで大親分は、これを生きている限り、捕えて刎首（はねくび）にすることを全国の親分に命じました。

ところが、馬鹿広はそれをいち早く感づいて逃亡してしまって、いまだに行衛が不明であります。これには時効も何もないので永久に捜査は進行する訳であります。

しかし、どうしても捜査の端緒が摑めないので手下（ツナガリ）は、或いは普通人（トウシロ）になっているのかも判らないというので、見つけたら、おしえてほしいと云って、山窩でない大道縁（だいどうぶち）の者にまで手を廻してあるのであります。

最後の判決権

左様な訳で、この手下は全国の親分に所属しているので、人数が多いが、大手下（オオツナガリ）は丹波の親分直属だから非常に少い。

さてそれでは、これらの大手下、手下（ツナガリ）に依って、検挙された者が、訊問の結果、有罪となり判決となった場合にも、大手下（オオツナガリ）、手下（ツナガリ）がそれを云い渡すかというと、それは出来ないので、判決は専（もっぱ）ら親分から代行を命じられた時は、それを代行しますが、それとて独断はゆるされない。必ず、首を斬れとか、指を切らせるとか、それぞれ命を受けてそれを伝えるだけであります。この代行の者が判決を与えたという実例は随分あります。

そこで、与えられた判決の最高なものは何か？　というと、これは、やはり刎首(はねくび)であります。これをオロクジの判決(オチ)と申します。六字即ち南無阿弥陀仏から来たものだと思います。死刑に限らず死骸になること、即ち人間が呼吸の閉塞することをオロクジになると云っているのであります。この点は普通人と同一で、刑罰の最高が死刑であります。否、もう一つ上があります。それは『十生勘当』というのがあります。これは十度生れ変るまで親分子分の縁を切るという意味でありますが、刎首の時、この文句がはいる場合があります。普通人の死刑囚には未来の極楽を説く教誨師が、安心を与えて死につかせるが、山窩のはその反対で死にゆくものに、なおも不安を与えます。この点実に無惨きわまりなきものがあります。

面白い隠語解説

さて六字の隠語に附随して、彼等山窩の使う隠語について少し話したいと思います。隠語は形容詞から来たものが多いと思います。妻をキャハンというのも脚絆の形容でありますが、さっきも申し上げたように土蔵を破ることでも、前の戸を破る時には、「前を捲(まく)る」と言い、後を切る時には、「後(うしろ)を捲る」と申します。いずれにしても形容から来ているようであります。

さっき申し上げましたサイギョウなどいうのになると、一つの前例から出発しております。サイギョウも文字はありませんが、私は西行と書いております。

これは仲間に聯絡密報することで、密報が来た場合には、「西行が飛んで来た」と申します。またその聯絡密報をする人間をも西行と申します。これはどう云う所から起って来たかと申しますと、丹波の大親分の瀬降に向かって、武蔵の方から行くので西に行く。それで西行と云う事になったのだと云っております。それでは九州に居るのは東行かと云うとやはり西行と言います。

聯絡密報の暗号

ここで、その聯絡密報のことでありますが、これは何かの御参考になるかと思いますが、これには主として美濃紙（みのがみ）を使います。美濃紙に明礬（みょうばん）であぶり出しを書いております。

それには「へのへのもへじ」を書いております。

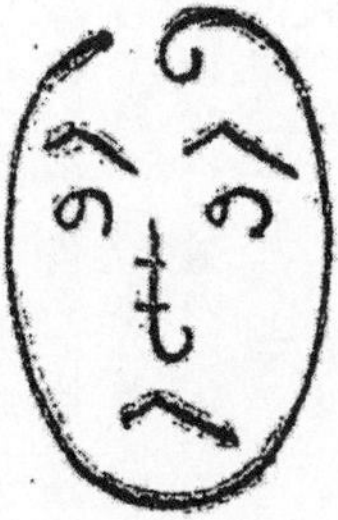

こう書くと、これ（上）は順でありますが、こういう風に逆に書いたり（下）、また半分書いたり色々に使い分けます。順へのは何、逆へのは何、左半分は何と、皆暗号になっておって、その指令によって皆が行動する。そして逃亡する場合など、このへのへのへののほかに、道の四辻（つじ）や三叉路（さろ）と云ったようなところの、地蔵様などに白墨で、こんな様な印（しるし）をしたりして、あとから来る仲間に、自分たちの場越（ばご）しの方向を示したりいたします。

また木を伐り倒して、その切り口に暗号をのこして行ったりします。こう云うのを彼等が見れば直ぐ分る。その書き方や切り方によって、（ははあ、じゃ今度の瀬降はこれから何里先の、どこだな）という風にすぐわかるのであります。これは多くは「大ノリ」と称して疾駆する時に使うので、私はこれを「疾駆（オオノリ）」と書きます。

彼等の走り方

彼等の走り方、これにまた色々と種類があります。場越（ばごし）、疾駆（オオノリ）、カケマクなど云うのがあります。これは全く当る字がないので困ります。これはやはり形容から来ているそうで、疾駆迄は親分さんはセブリをかつがせたりしますが、カケマクになると自分で背負って先に立つそうであります。先頭に立って非常に疾（はや）く駆けて行く。それで「かけまくも」親分さんさえ瀬降を背負い、と云うた大和言葉のかけまくもから来たのだそうであります。これは大変速いもので、どの位走るかと云うと、大体カケマクによれば、一日に四十里位平気だろうと云うことです。そんな途方もない走り方は出来まいと私も一応疑ったのですが、それは貴方が物を知らないからだ。マラソンの選手は一時間にどの位走るか知っているか。こう云う風に聞かされて、なるほど軍隊でも強行軍だと云うと、十五里から二十里行くことはちょいちょいある。そうなるとこれは信用しなければならないかな？　と思ったことでした。それにしても四十里には私もちょっと驚いております。

　西行などをやる者はこのカケマクに最も妙を得ているそうで、そんなに足の早いのが、親分からあずかったヘノヘノモヘジをもって宙を駈けていく。途中で怪しまれて捕まっても白紙だけしか持っていないから難なく通過することが出来る。そして目的地について渡すと、貰ったものはすぐ火であぶる。すると暗号のモヘジが出る。そらここから西に何十里の場越しだということになって、たちまち皆蜘蛛(くも)の子を散らすように散ってしまう。なかなか端倪(たんげい)をゆるしません。

山窩文学私見

この辺で、私は、山窩の文学的価値について、私案を挙げてみたいと思います。以上申しあげましたように私は初めは、新聞記者として、説教強盗を捕まえたい一心から、山窩に交渉をもちました。ですから、勿論、文学に表現すると云うようなことは毛頭考えてはいなかったのであります。ところが、段々調べて行くうちに、一夫一婦の掟のあることを知って、私ははじめて、文学的価値を考えたのでありました。そこで、どこ迄それが厳守されているかを調べてみますと、これが形式だけでないということがよく判った。

例えば、一夫一婦の掟を破ったことに限って男女は同罪を以て処断されております。これなどは、普通人の社会とよほどちがっている。

またこれに附随して、山窩の娘は大人の証拠を見ると、直ぐに結婚させられる。それは親が親分に届けます。すると親分は、それじゃあ、あの小僧が近頃男の匂いが出たからあれと夫婦(ツルミ)にしろ——という風にさっそく夫婦にしてしまう。男の臭いをどういう風にして嗅ぐのか知りませんが、そう云うことになっているのであります。こうしないとお互いに異性の選り好みをするようになると少数の仲間の中でいざこざが絶えないからだと云う。これはもっともなことだと思います。

こうしてつくられた夫婦は、夫は妻に義をもってのぞみ、妻は夫に絶対に従って生きる。かくして一人の男と、一人の女が永久に相愛していける。

それから次は、このシタガイ、私は服従と書いておりますが、この服従は絶対のものであって、軍隊で上官の命令に従う、あれと全く同じものであります。親分として子分を動かすこと、また夫の妻に対する実に指の如く心のままであります。

この服従の美点を利用したいからと云って、先日その方面の方が見えられて、(中略)との申し出でがありました。しかしいくら××の方の申し出でも、どうかと思われたので両方で研究してみることにいたしておきました。ですが一応はそう云うような風なことまで考えられる位に、服従に強いのであります、(中略)自分を常に投げ捨てて終(しま)う、自分はあるのだが、自分を投げ捨てて服従という安住の境地にいる。こう云う不気味な恐しいものを彼等は血の中に持っています。

私は、こうした諸種の事柄を知るに及び、実に尊い実人生の断面を見せられたと感じたのであります。そこで、その美点を強調して、文学に彼等の世界を再現させたなら、これは大いに世のためになる。かく考えたのが、私が山窩文学に手を染めたそもそもの素因であります。

左様な訳で、私は、山窩文学を、尺八みたいなものだと自認しております。単調の中に実に深き美音を秘めている。これを絢爛多彩な他の文学と比べると、他の文学は、複雑な洋楽器のように美しく華やかだが、山窩文学は尺八だと思っております。幸いにして山窩文学は、非常にこうした知識階級の方々に愛読されております。事実山窩文学の愛読者はこう云う皆さま方だとか、大学教授だとか、医者だとか、所謂（いわゆる）知識階級の人々であります。それらの識者からの書信その他感想を綜合して申し上げますと、山窩の興味は、第一にその原始的な強さだと云われております。次は生活に詩がある。あのセブリの生活というものは、非常に詩情豊かで、つい自分たちもやって見たくなることさえある——こういうのであります。

さっきも長谷川検事さんから貴下は一緒にやられましたか、と問われましたが、誰も、そういう風にやってみたいらしい。その実決していいものではないのですが、やってみたくなる。が、私は厭でした。今日のような晴朗な日は良いが、セブリに於ける雨の日の陰気さと云ったらありません。よほど原始にかえらぬ限り、我々は死を早めるかも知れません。そう云いながらも、ああ云う不完全なセブリで、充分に生きてゆけるというあの強さ、それがそもそも我々に無意識のうちに大きな魅力となっているのかも知れません。戦争がながつづきしたりしておりますと、野営の兵隊さんを思います。山窩だったら、さぞかし不自由などと思わぬでありましょう。

その次は、彼らの純情であります。彼らは全く純情であります。純情と云う点に於いたらこの位純情な人種はありますまい。第一約束を守れると云うことは、これは純情でなければ出来ないのであります。ですから仲間同志の私的な約束ですら、彼らは掟（ハタムラ）と云って、この約束を破ることは絶対にしないのであります。約束を破った為に、自分の咽喉(のど)を突いて死んだと云うような話も随分あります。そういう人間がどうして犯罪をやるだろうか？　これがちょっと不思議に思われますが、能(よ)く考えて見るとそう云う人間だからこそ、一つまちがえば、どんな犯罪をもやるようなことになるかも判らないのであります。そして、到底常人の及ばないことを平気でやれるのじゃないかと思うのであります。なればこそ、一旦捕まったが最後、仲間の迷惑になるような自供は絶対にしない。

以上のような諸点が、山窩文学の骨子(こつし)であり、魅力だと思っています。

国勢調査以後の山窩

そこで、そろそろ結論にはいりますが、どう云う訳でこれが今迄世間の人達に、知られずに来たかと云うと決して無関心ではなかったのであります。

第一回の国勢調査の時には、内務省が片っ端からセブリをさがして、無理矢理に戸籍を作らしたりしたのです。その数は万を算しましたが、その記録は震災で焼けてしまって、何ものこっていないのであります。その記録があり、そして当局が指導に立ちつづけていたなれば、今頃はどんな結果になっていたでありましょうか。

しかしそうは云いながらも、それではその籍を拵(こしら)える時に、彼等はどういう態度であったかというと、殆ど出鱈目なことを云って申告したのです。そうして再び山に帰って元の生活を相変らずつづけているのでありますから、籍はつくったと云っても、いい可減なものだったのであります。

それでは、普通人（トウシロ）になり、文化に浴することを欲しないのかと申しますと決してそうではない。普通人（トウシロ）モドリとか、普通人化（トウシロば）けなどという掟もあって、親分はこれを許しております。先刻申し上げました四万騎（しまき）ヶ原、彼所（あそこ）へまいりましたついでに、千葉県××郡××村役場に立寄って、×××開墾地にいる××××という山窩を調べて見ると、これは、自分の子供を二人とも小学校にあげている。学校にあげる時に、上げたいが籍がないと云うているのを地主の××××という人が聞いて、実に深い理解をもって、自分の庶子として入籍してやって、就学させております。私は、戸籍のことをよく知りませんが、役場では籍を作ると云っても、五十銭ぐらい罰金を出さねばと云って、罰金だか科料だかを取られたというような話をしておりました。また就学した子供は兄弟が同時に一年生に入学して弟の方が副級長で兄はあまり頭がよくないとのことでした。そう云う風にこの文化の恩恵に浴そうと考える者も中にはいるのでありますから、決して私は、山窩自体が山にばかりいるのではなくて、ながい星霜の間には、はいったり出たりしているのではないかと思って、その方面を人類学、考古学によって解決したいと考えているのであります。

山窩と傀儡師（くぐつし）

ここで、山から出たり、また戻ったりするということに附随してまた喜田博士の説を思い出しましたが、喜田さんは、これは古の生活の落伍者なりと言っております。しかし私にはそう云う風な大胆な結論は云えないのであります。喜田博士は京都の祇園のあの坂に居ったツルメソー、ツルメーソーと云うのは、昔祇園社に附属してその用心棒となっていた『犬神人』の末流ではあるまいか？　それが祇園坂にいたので、坂の者となり、それがサカンモンと訛り、更にサンカ、と云う風になったのではあるまいかと申します。どうも私には頷くことが出来ません。また喜田さんは傀儡師も山窩だと云うのであります。そして大江匡房の『傀儡師記』を引いて説明されましたが、『傀儡師記』には、傀儡師は、自分の妻が淫楽に耽っても夫や親は叱らない。女達は非常に遊芸に達者で、それで鴨川から淀の川あたりを流して船の上あたりで唱歌歓楽して、関白や大将などに買われたと云うことを書いて、当時の上流の官吏が盛んにその傀儡の女を賞でたことを書きのこしてあります。

それから、その女たちは、道祖神、即ち自分で刻した木人形を持ち、それを幸の神として崇拝している、とあります。この幸の神、即ち道祖神は、今でも、地方に出かけると、ちょいちょい道の傍などで見受けますが、女神様には男×〔根〕を納めてあるし、男の神様には女×〔陰〕の形を納めてあります。その道祖神を傀儡は全部自分の神様としている。ところが山窩にはそれが絶対ないのであります。そもそも山窩には宗教がないからなのです。この道祖神と云うのは、幸神で、船の舳先に附いておって、道案内をした神で、所謂パイロット神、即ち、道の神様と云うことになり、道祖神となったのでありますが、『傀儡師記』で見ると、幸（さち）の神様であります。遊女の幸だからこれは即ち、男の来たるを祈る神様であります。そう云うことは山窩にはないのであります。だからこのお説はどうかと思われます。

ここで、ちょっと挿話を一つ申し上げますが、ずっと以前に××県で大きく絹物商をしております人が、私に系図を送って来て、あなたのいうとおり、俺は傀儡の末孫だが、傀儡と山窩とは全然別だ。ついてはこの系図を見てくれという手紙をつけてありました。この系図の中には偉い人の名まで出ております。これは一寸（ちょっと）公表ができません。しかし、この人はどういう訳で、私にこの系図を送ってくれたか知りませんが、山窩にはこう云う系図を残すと云うようなこともありません。しかし、研究途上でありますので、はっきりしたことは申し上げられません。確信をもって、おはなし出来る日も、やがてはまいるでありましょう。まあ、そう云うような訳であります。

このほか、まだまだ個々の問題に就いて、彼所（あそこ）で何時（いつ）頃かような人情事件があった。また彼所でも、こういう事件があった。という風に、すべてをもっともっと沢山お話ししたいのでありますが、左様な事件は、これまで書いた書物、その他二百篇に及ぶ作品の中にも相当載っておりますので、それを読んでいただくことにいたしましょう。

そういたしまして、今後の発見は、新説は新説として、発表いたしてゆくつもりでおります。（終り）

◉国八老人昔語り・余話――

元祖洋傘直し

国八老人の思い出話である。

不老不死の毒薬

邏卒が巡査と改称された明治八年の春のことだったと思う。

その頃の山窩は、今とは比べものにならないほど盛んな頃だから、東京附近には、到るところに瀬降があった。

中でも、中野の等閑の森は、もっとも盛んで、殆ど一年中瀬降の絶え間がなかった。

丁度その頃、その等閑の森に『猪吉』と云う『親分』がいた。

これは、甲州系の『箕づくり』であったが、身の丈が五尺四寸ほどの男で、鼻筋のよくとおったいい男だった。

『女房』はお久と云ったが、これが無類の美人だった。猪吉の三十七に対して、お久は二十四であったが、夫婦仲もまた無類によく、猪吉は、口癖のように（俺はお久より先に死ぬのは厭（いや）だ）と云っていた。

お久もそれと同じようなことを云うので、仲間の者たちの羨望の的だった。ところが、このお久がどうしたことか猪吉の留守中に、ころりと死んで了（しま）った。

かねてから、猪吉と近づきである私には、伊太郎と云う手下（てした）の箕（み）づくりが知らせに来たので私は一週間ほど過ぎてから、見舞いに出かけた。

丁度小金井堤の桜が満開の頃だったので、桜見物を兼ねて、少し道寄りだったが井ノ頭をとおって、等閑の森に廻った。少し遠廻りだけど、暮れたら瀬降で泊めて貰えばいいと思っていたので、別にいそぎもしなかった。

そんな調子でぶらりぶらりと歩いたので、等閑の森についた時は、そろそろ日が暮れかけていた。猪吉は瀬降の前に出て、馬鹿みたいな顔をして、西の空を仰いでいた。

珍らしく晴れていたので富士が向こうの方にくっきりと見えていたが、猪吉はそれを眺めている風でもなかった。

瀬降の屋根には恰好な若木（わかき）の桜が一本のしかかっていて、その枝から花びらが、ちらちらと猪吉の顔に散り灑（そそ）いでいた。猪吉はそれを満面に浴びながら、ただ突ったっているのだ。

「猪公？」

私が、そう云って肩を叩いても、やっぱり空を仰いだ儘（まま）だ。

「どうしたんだ？　見舞に来たんだぜ」

肩に手をかけると、うるさいと云わぬばかりに、つるりと肩を外して、やっぱり空の一点を凝視ている。

「美しい女房に死なれると、こうも腑抜けになるものかねえ」

私もひとり語を云いながら、猪吉と同じように空を見あげた。

花見季節には珍らしく晴れた紺碧の空だ。まるで光り輝いている。一点の濁りない空気はすっきりと透徹して、どこまでも真澄の展開である。

私は、悪事の出来ないこの猪吉が、こうしてあてどもない空を眺めている気持を察して、何だか可哀想でたまらなくなった。

「死んだ者のことばかり思いつめていると体に毒だぜ」

私はそう云ってまた肩に手をかけた。

今度は、私の手を外さなかった。と思ったら、猪吉は涙ぐんでいるのだ。

「鬼のような子分の奴らを、やかましく怒鳴り飛ばす親分さんじゃないか、泣いたりしては見っともないぜ」

私が肩をゆすぶると、猪吉は一層泣き出した。

しかも、おいおいとしゃくり泣きに泣くのだ。

「そ、そんなことを云うなら、帰ってくれ。俺ァこうして泣いてた方が気が晴れるんだから」

どうも、猪吉にしては、少し不似合な云い草だが、心のうちを察してやれば、無理もないことである。

「そうだろう。そうだろう。お前さんの気持も察してやらずに、泣くなと云ってわるかった。ゆるしておくれ。実を云えば、この儂だってびっくりしたんだ。殺そうとしても、死にそうに思われなかった女房が急に死んだと聞いた時、どんなにびっくりしたか知れないぜ。だから伊太郎にも聞いてみたが、病気で死んだんじゃない、頓死らしいと云うだけで、さっぱり要領を得なかった。ほんとに頓死だったのかい？」

すると猪吉は、

「急病でもなきゃ、頓死でもねえんだ。俺が殺したんだ」

涙も拭かず、空を見つめたまま云うのだ。

「殺した？」私はどきんとした。

「俺がね、俺が戻って見たら、ちゃァんと死んでたんだ。だけど、俺が殺したも同然なんだ」

猪吉は目をしばだたいた。大きな涙の粒が頬に転げて、頬骨にひっかかった花瓣を浮べて辷った。

「それはどう云う訳だ？」

私は、猪吉を瀬降に誘い込んで、その訳を聞いたのである。

その日の朝方、猪吉は、修繕箕七八枚を肩にして、野方村の農家に届けて廻った。そって来た。

して帰りにも、二三枚頼まれたので、それを肩にひっかけて、いつもよりよほど早く戻

と、いつもなら、

「戻ったけ」と云っていそいそと飛んで出るお久が、今日に限って出て来ない。

「お久？」

瀬降の外から声をかけたが返事もしない。お久は、ときどき、こうした冗談をやる。

（また何かやるつもりだな？）と思って、そッと忍び足になって、脇の下に手を入れた。

いつもなら、「きゃッ」と大袈裟に叫ぶのが、なんにも云わない。

瞬間、猪吉の顔は真ッ蒼になった。弾力のあるお久の肌が、つめたくなっていたのだ。

驚いて抱きあげたが、お久はがくッと首を垂れたままだった。

「お久？　お久？」

喉（のど）をうるませて抱きしめた。と、お久は、返事のかわりに血を吐いた。

これまで、風邪一つひいたこともなければ、腹くだし一度したことのないお久が、黒血を吐いて死ぬなどということは、猪吉には夢としか考えられないのだった。

ややあって、猪吉は、

「飲みやがったな」

と叫んだ。

そッと死体を仰向けに寝せると、瀬降の西北（にしきた）の壁際に走った。そして、壁際をそれこ

そ、犬が土を掘るみたいに、床に敷いた枯葉を掻きのけて、一生懸命に掘るのだった。

「ねえじゃねえか。ねえじゃねえか。なんぼ掘ってもねえじゃねえか」

猪吉はつぶやきながらしばらく掘り返していたが、探すものは出て来なかった。油紙にくるんで、大切に『埋め』ておいた、不老不死の薬がなくなっていたのだ。

その不老不死の薬と云うのは、『鶏甲』のことだった。草根木皮に知識のある猪吉は、お久より先に死にたくないために、また、徹頭徹尾お久を愛するために、苦心に苦心を重ねて、甲州の天目山まで出かけて、大きな『鶏甲』の根を掘って来て埋めておいたのだ。

「鶏甲を呑めば死ぬにきまってるじゃねえか」

猪吉は地面を引掻き廻して泣くのだった。

『鶏甲』は不老長寿の妙薬ではあるが、その実質は恐しい猛毒である。少しと云えども適量を誤って飲めば、たちまち命を奪われて了う。

猪吉は、それをよく知っているので、自分は『山刃』で、ほんの少しずつ削っては呑んでいた。しかしお久には絶対に与えなかった。

お久は、それをいつも不審がっていた。

「そんなに美味そうに噛んでて、どうして妾にはくれんのけ？」

と云ってはねだった。その都度猪吉は、

「俺が呑んでさえおればお前さんにも利くんだよ」

と云っていた。

「そんな無情なことを云わねえぜ、おいらに飲ませておくれんけ。おいらだって、お婆さんになりたくないんだげ」

お久はいつもそう云った。それでも猪吉はきまったように、

「お前は俺より十三も若いじゃないか。十三年経ってから飲み始めてもおそくはないんじゃげ」

と云って、絶対に飲ませようとはしなかった。猪吉の考えでは、いくら不老長寿の秘薬だからと云って、いつかは死なねばならぬ。それを思うと、うっかりお久に飲ませて、あべこべに自分が先に死んだりしては、こっちが浮び切れないと思うからだった。

「そんな薄情なことを云って、おいらを先に死なせて、また新しい『女房(きやはん)』を穿くつもりだろげ」

そう云って明け暮れ迫っていたお久が、ついにそれを盗んで呑んで死んだのだ。

つい先日(こないだ)までは、油紙に包んで、しっかり肌につけていた。そして必要に応じては飲んでいたのだが、お久がどうしても奪わずにはおかないと、獅噛(しが)みついて来るので、しかたなく土の中に埋めたのであった。それをいつの間に知ったのか、つい探し出した嬉しまぎれに、お久は猛毒とも知らず、一呑みに飲んで了った。

「なんぼなんでも、一塊(ひとかたまり)を、一ぺんに呑む奴があるものか。こ、この強慾張り」

猪吉は、可愛い妻の死に顔が、いとしくて、いじらしくて、胸をちぢに引裂かれる思

いだった。

「大切に呑みさえすりゃァ、何年も呑めるものを」

諦め切れない愚痴だった。

「ああ——俺がわるかった」

猪吉は冷めたい妻を抱きすくめた。死体の下から土のついた、揉みくちゃの油紙が出て来た。

猪吉はその包み紙と妻の死顔を、見比べて、いつまでも死骸を抱いていたのだった。

猪吉はここまで語って、

「俺ァいっそのこと、この山刃（うめがい）で喉を突いて、お久のあとを追おうかとさえ思ったんだ——だけどその時、子分の奴らのことを考えて、つい死にそびれて了ったんだ」

そう云って、さめざめと泣くのだった。

お久の遺言（ゆいごん）

聞いてた私も目頭が熱くなった。

「そうだとも、子分にとっては大切な親分（やぞう）だ。思いつめちゃいけないよ。それに、いくら泣いて見たところで死んだお久が生き返ってくる訳じゃなし、だからと云って、死んでみたところで、お久にめぐり会えるものでもなし、死んだひとをおろそかにする訳じゃないが、広い世界だ。仲間（うち）の中にはよく似た女もあろうじゃないか。新しいのを貰って、お久だと思って可愛がってやればいいじゃないか」

私は、傷ついた心を痛めないように云ってやった。

猪吉は、しばらく考えていたが、ようやく頷(うなず)いた。

その頷き方は大きく深かった。

それから、私と猪吉の間には、ちょっと話が途切れた。私は手持無沙汰をまぎらすために、小金井の茶店で用意して、洋傘(かさ)に結びつけて来た、ゆで玉子や酒の包みを取り出した。

猪吉もいける口だし、私も好きな方だし、二人はぽつりぽつりと飲み始めた。

「お前さんを花見に誘おうかと思ったけど、ほかに連れがあったので、誘いもしなかったが、こんなに腐っているのなら、いっしょにゆけばよかった」

私がそう云ったとき、猪吉は、私の洋傘(かさ)を手にとって、つくづくと見ていた。

その手附きや見方は、さっきまで泣いていた猪吉とは別人の感じがした。

「馬鹿に真剣に見てるが、洋傘(かさ)がほしいのかい？」

木綿張りの不細工な洋傘だが、それでも流行し始めてまだ間(ま)がないのでハイカラなものだ。

「ほしいんじゃないよ」

見向きもせずに傘をひろげてつくづくと見入るのである。

「珍らしいのかい？」

「始めて見るんじゃないからねえ」

「それじゃァどうしたんだ？」

泣いてた赤ん坊が玩具(おもちゃ)を貰ったと同じ恰好である。

「俺ァはね、少し考えてることがあんだよ。それを話すより前に、旦那に見せてえものがある」

「儂(わし)にかい」

私には何のことやら意味はわからなかった。

猪吉は、つと立ちあがって、萱壁(かやかべ)に差してあった古ぼけた洋傘(かさ)を取りおろして、ばたばたと塵(ちり)を叩いて、ぱらりと開(あ)けて、私の前に差出した。

「ほう、お前さんも持ってるんだね」

不細工な傘だが、丹念に修繕が加えてある。

それでも私には、まだ猪吉の云わんとすることが判らなかった。

「この傘はね、こないだの大風の日に、堀の内のお祖師様(そしさま)のところの溝(どぶ)の中に、誰かが捨てていったもんだよ。それをお久が拾って来て、勿体(もったい)ないから、修繕しろと云うじゃないか。それで骨を伸ばしたり、破れを縫ったりしたら、こんなに立派になったんだぜ」

なるほど、そう云われてよく見ると、なかなか、器用に修繕してある。折れた柄(え)の曲りのところなどには、柄の修繕材料である桜の皮などが風流に巻いてある。

「なるほど、こうして使えば、いつまでも使えるね。儂のも駄目になったら、修繕を頼むよ」

私は、何とも云えない風韻を感じたので、そう云って笑った。

猪吉は笑いもせずに傘を畳んで云うのである。

「俺ァね旦那、旦那に少し聞いて貰いてえことがあんのよ。この傘を修繕してるときに、お久がこう云った。こんなに世の中が変ってくると、いろんな新しいものが流行ってくる。この洋傘だって、これからうんと流行るに違いないが、まだこれを修繕する者は一人もいねえから、洋傘直しになったら、箕の修繕より儲かるかも知れないとな、俺ァそのことをこないだから考えてるところだ」

猪吉は、そう云って、洋傘の一般普及化について持論を傾ける。

「それで俺ァ、お久の遺言どおり洋傘直しになろうかと思うんだ。これから先、きっと蛇の目などはやらなくなるよ。第一量ばらないし杖にもなるから百姓も町人も、押しなべて使うようになるぜ。そうなれば、百姓や米屋だけしか使わない箕などいじくっているより、どれだけ文明開化の仕事になるか知れないと思うんだよ。死んだお久の奴は、うまいところに気をつけたと思わないけ？」

と云うのである。

「それじゃァお前さんは、『箕づくり』をやめるつもりか？」

「なに、今すぐという訳じゃないんだよ。当分は箕直しの片手間にやるんだ。そのうちに、洋傘も修繕して使えるということが、世間の人様に判るわね。そしたらその時になって箕直しを止めてもおそくはあんめえ。死んだお久の云い置いたことだから、俺ァどうしてもやりてえよ」

猪吉は、始めてにやりと笑った。そして、

「子分の奴等だって、年々殖える一方だが、箕づくりばかり殖えても仕事に限りがあるじゃねえか。それかと云って遊ばせておけば泥棒をするし、俺もいろいろと考えているんだよ。それに世の中は四民平等になったのだしなァ――」

猪吉は、ちらちらと散り敷く桜の花に目をやった。

私はじいっと考えた。しかし多年の歴史を持っている箕づくりである。いくら死んだ女房の云ったこととは云え、急に洋傘直しになるということが、果たしていいことかわるいことか、即座に賛成出来なかった。

だが、古い伝統と秘密に閉されて来た瀬降にも、御稜威の風の吹き込みつつあることを、嬉しく思わずにはいられなかった。

やがて日は落ちて、瀬降にも夜が来た。

麻布の狸穴まで帰るにしても、まだおそくはないので、

「ではまた会おうぜ」

と、私はようやく腰をあげたのだった。

首ぬけ美人

それから二年経った。

丁度西南戦争の真ッ最中であった。私どもの総元締めをしていた川路大警視も、精鋭の巡査を引きつれて、西南征伐に出かけて了(しま)って、東京の治安はわずかの警部と巡査たちで保っていた。

ある日の朝方であったが、私の家に、ひょっこり一等巡査の野崎兼四郎がやって来た。この人は、邏卒(らそつ)が巡査(ポリス)と改称されると同時に、等外一等という官等を貰った幅利(はばきき)の一等巡査で月俸七円である。

変にしゃちこ張った制服制帽で、天神髭をびゅうんとひねりあげてはいるが、妙に顔色が蒼いのである。

「わざわざのお越し、何か火急の事態でも？」

私が鄭重に問うと、

「折入って尋ねたき儀のあって参じたのじゃが――」

とあたりを見廻す。旗本の出身だから言葉も武士口調だ。

「折入ってと申されまするると、何かお役向きの事ででも？」

「ちと違うのじゃ、そちにおしえを乞(こ)いたき儀があってまいったのじゃ」

「これはいたみ入ります。殿様に御判りにならないことを、この下郎めが何で判りましょう」

「いやそうでない。拙者は、賤民などには近づきもなき者故、その辺のことをちとおしえて貰いたいのじゃ」

武士がなくなって、既に十年も経っているのに、まだこんな悠長なものの云い方である。

「賤民と申されますと、私が専ら取扱っておりまするところの、山窩どものことででもございましょうか？」

「あいやちと方向が違いおる。そちゃ山窩どものことでなくては相判らぬと申すか？」

「はて？　要を得かねまするが？」

「左様か。貴公なれば大抵わきまえおると存じながら参ったが、洋傘直し、それを生活の道と致しおる者どもについてはいささかにても存じ寄りはあるまいか？」

「洋傘直し！」

私は、（はた）と胸に来た。

「その洋傘直しについて何か探索の筋でもございますか？」

「国八、これは他言をはばかることじゃが、洋傘直しを営む者たちは、いったい如何ようの身分の者たちであろうか、その辺を、知っているなら、内密におしえて貰いたいのじゃ」

またあたりを見廻した。

「いずれ、素性の怪しき者たちではあるまいかと、拙者ひそかに推察いたしおるのじゃが、――」

どことなく奥歯に物の挟まった物の云い方である。

私は、猪吉のことを思い浮べていた。それよりも、聞きたいのは、何故(なにゆえ)そんなことを急に聞きに来たかについて、私は疑問をもった。

「では申す。決して他言相成らんぞ」

そう云って野崎一等巡査はこんなことを打ちあけた。

野崎巡査の姉にお松と云う者がある。麴町土手三番町の水野久左衛門というやはり旗本だった家に嫁しているが、このお松の娘に、お雪と云う当年二十七歳になる美しい出戻り娘がある。御一新直後、日本橋の穀物問屋に嫁入ったが、舌がながいと云う因縁をつけられて、三月(みつき)も経たないうちに離別されて了(しま)った。

ところが、その舌のながいと云う噂が祟って、人一倍の美人であるのに、どこからも、再縁がかからない。

二年経ち三年経ちするうちに、本人も段々焦ってくるし、家(うち)の者も気が気でなくなった。

こうなると、本人は尚更気が落ちつかなくなって、日増しに癇がたかぶって、色は蒼ざめ目は引きつり、時には変な男の名など呼んで狂うことさえある。

そんなときはきまって、少しのことにも血を荒すので、一家の中は暗鬱になっていた。

母のお松は、ほとほと持て余して、

「ほんとに年頃の娘を、こうしておくのは可哀想だ。誰でもいいから人だすけと思って、貰ってくれる人はあるまいか」

と心を痛めていた。いつしか五年六年と経って、はやお雪は二十七にもなっていた。

そこへ丁度二十日ほど前だが、屋敷の石垣下を、苗売りよりも美しい声で、

〽新流行の洋傘の修繕――

と呼びながらゆくものがあった。

父の久左衛門は、他家から貰った一本の洋傘を持っていたが、正月の大雪で骨をいためたので傘棚にあげておいたが、その声を聞くと、ふと思い出して、

「お雪、お雪、おもてを通ってる者を呼べ。洋傘も修繕が利くと見える」

と呼ばせた。

お雪が北の窓から呼び止めたのは、見るからに剛毅な顔をした男であった。

「ごめん下っせえ」

北向きの窓下から手を差しのべながら仰向いたので、お雪の肩越しに覗いていた久左衛門も、お松もその顔をよく見た。

その時の男は、苦み走った顔をにっと綻ばして笑ったが、それはぞっとするほど魅力があった。男はお雪の手から洋傘を受取ると、たちまち修繕して、七文の代金を受取る

と、またにッと笑って、そのまま空気の中に瓢々と消えて行った。

それから一週間ほど過ぎて、雨が降ったので、お松は、その傘を出して見ると、不思議なことに骨が一本折れていた。

「まあどうしたのだろうねえ」

と云うと、お雪が、

「あたしが仕舞うときに折ったのです。またあの男が来たら直させたらいいでしょう」

と云った。

果たして、その翌日雨があがった。と、

「近頃流行の洋傘の修繕――」

澄み切った例の声が窓下に聞えた。お雪は嬉しそうな笑いを頬に浮べて、いそいそと呼びとめて修繕を云いつけた。それからまた三日ほどして雨が降ったので、またお松が傘を出して見ると、今度は滅茶々々に、骨が折れたりひん曲ったりしていた。

「まあどうしたと云うの、これは?」

お松はあきれて了った。だがお雪はすましたものだった。

「昨日お隣の雄猫がうちの三毛を追っかけ廻したではありませんか。あの時その傘でなぐりつけてやったら滅茶々々に壊れたのですよ」

と云うのである。

お松は、あれあれと、開いた口が塞がらなかった。

「いいじゃありませんか。また天気になったらあの男が来るでしょう」

お雪がそう云った次の日に、例の洋傘直しは、約束したみたいにやって来た。それは、殆んど陽も西に落ち切って、乳色の夕靄が漂っている刻限であった。

男は夕靄の煙る塀際に、腰をおろして、来る度に出される同じ傘に苦笑を浴びせながら、修繕をしていた。

だが今度はひどくいたんでいるので、大分手間が取れた。

お雪は窓から覗いていたが、待ち疲れて、下駄を突っかけた。

そして側に立って男の器用な手つきを見ていたが、修繕が出来あがると、男から傘を受取って、台所にそッと持って来て、そのままどこかへ行って了った。それッ切り、未だにお雪は戻って来ないと云うのである。

野崎一等巡査は、ここまで語って、

「もし、その男に、連れてゆかれたと云うことに相なれば、尚更世間体もわるいこと故、それとなく手をつくして探して見た。然るに、杳として行方は相判らぬ。貴公に於て万一心当りもあるまいかと、叔父なるが故に、拙者内密にお頼みに参った次第じゃ」

と私に向かって手を突くのである。

その顔には自分が警官なるが故の、苦慮の色がまざまざと刻まれていた。

それを察した私は、その洋傘直しの男について、いろいろと人相を聞いて見た。と、どうも猪吉に似ているように思われてならない。

それからお雪さんの人相を聞いた。野崎一等さんは、ポケットから白の羽二重に包んだ硝子（ガラス）板を取出した。

「横浜にまいった砌（みぎ）り、異人館で撮らせた写真だ。ただの一枚しかない品ではござるが、お預けいたしてもよろしゅうござる」

手に取って見ると、今様ハイカラ髷のお雪さんが、椅子に片手をかけて、短い八反（はったん）か何かの羽織を上手に着こなした写真である。手には白いハンカチまで持っている。

私はその顔を見ているうちに、（こ、これは大変なことになったぞ）と直感した。

お雪さんの顔が、『鶏甲（とりかぶと）』を呑んで、血を吐いて死んだお久に、瓜二つなのだ。

（これはいけないことがおこったぞ）

と思った。

「よく似た女を探せばいいじゃないか」

と云ったことを、今更後悔せずにはいられなかった。

「ともかく、これはお返しいたしておきましょう。そして、万更心当りがないでもないので、早速洋傘（かさ）直しについて探索いたして見ましょう」

と云って、野崎一等さんには帰って貰った。

生き返ったお久

私が等閑の森に駈けつけて見ると、森には、二年前よりははるか大勢が瀬降っていた。

「親分はいるかい？」

と、一番前口の『物見』の瀬降に声をかけると、

「お前さんは誰よな？」

石垣の破片みたいな顔をした男が、怒鳴り出た。

（こいつ俺を知らないとはよっぽど間抜けでいやがる）と思いながら、

「俺は国八だよ。麻布の国八を知らねえかよ」

と云っても、石垣の破片奴はきょとんとしていやがる。

「お前さんなどにゃ判らねえ、猪吉親分の瀬降にゆくんだよ」

私が相手にせずゆきかけると、

「ちょこ待ちなっせえ」

と手を拡げて立塞がった。

「猪吉親分はこの瀬降にゃいねえんだよ。ここは田右衛門親分の瀬降じゃないか」

小憎らしい顔でぐいと私の胸を押し返した。私は、

（さては場越しをしたのだな）と思ったが、このまま帰る訳にもゆかない。それかと云って、田右衛門なんていう山窩には会ったこともない。

私は、しばらく突っ立っていた。瀬降の模様を見ると、猪吉よりは大分(だいぶ)、子分も多くて豪勢そうに見える。

別(わ)けて不思議なことは、どの瀬降もこの瀬降も、箕づくりは一人もいなくて、全部洋傘(かさ)直しである。

わずか二年で、こんな大勢が、急速な職業転向をやっているのかと思うと、猪吉の云ったことが、急に頭の中に甦って来た。

(あんなに、死んだ女房(きやはん)のことばかり云って泣いてた猪吉が、こんなに実行力をもっていたのか)

私はそんなことを考えながら、躊躇していた。と、

「そのお客人は誰け？」

と、木立の間から出て来た者があった。

田右衛門である。私の胸を突いた奴が、二本指を突いてかしこまったからすぐそれと判った。猪吉よりは大分(だいぶ)年輩で、精悍な面魂(つらだましい)をしている。

(田右衛門の名が体を現して、幅広い顔である)と私は思った。

「猪吉親分(やぞう)に用があんだとよ」

石垣の破片(かけら)めが紹介した。

「それじゃ国八の旦那じゃないか」

ちゃんと心得た物の云い方である。

（こいつ話せるぞ）と思っていると、

「あのな旦那、猪吉はな、お久が生き返ったので、場越（ばご）しをしたが、これを云うのも国八旦那のお蔭だ。御恩は忘れねえと云いのこしてゆきやしたぜ」

と云うのだ。（生き返った？　あの女房が？）私が面喰らっていると、田右衛門は、

「へへへえ」

と笑った。

「ほんとにお久が生き返ったのか？」

私もお体裁笑いでばつを合せながら聞き返した。

「生き返る道理はあんめえよ、似たのが見つかったと云うことよ。それでな、仲間も誰もいねえところで、たった二人で仲よく暮すんだと云ってたぜ」

「そうか」

私はがっかりした。

「猪（いの）はな、俺たちに、二年がかりで、洋傘（こうもり）の修繕をおしえ込んで、俺たちが、こうして立派にやれるようになったので、喜んでどっかへ行っちまったよ。美しいお久が戻って来たんで、もうここに用はないんだとさァ」

「どこへ行ったんだ？」

「そりゃァ云われないよ。こちとらも、聞きもしなかったし、猪も云わなかったでな」

「そのとき、生き返ったお久は、どんな顔をしていたかね？」

私は何気なく当って見た。

「そりゃおめえさん、飛び切りうれしそうな顔だったぜ。猪はその方の神様みてえな男だからなァ」

田右衛門は、にやにやと笑うのである。

「その女は何と云う名前だね？」

「白ッぱくれちゃいけないよ。お雪と云うんだよ。でも猪はお久お久と呼んでたぜ」

「そうするてえと、女はどう云ってた？」

「そりゃァお前さん、自分を呼ばれてるッてことさえ判りゃァお雪だってお久だって同じだろ、だから、あいよ、あいよッて云ってらァな」

「それじゃァ女は猪公に惚れてるんだね」

「あたり前よ。うんとこさと亭主に可愛がって貰うつもりで折角嫁入ったものが、舌ながいだの首がぬけるだの、やれ夜中に行燈(あんどん)の油を舐めてただのと評判を立てられて見ろてんだ。おまけに叩き出されたんじゃないか。その上、両親から、家(うち)の中に閉じ込められて明けても暮れても、親父(おやじ)の陰気な顔や、お袋のしめっぽい顔を見て暮すなんてことが、一度男を知った女に出来る辛抱か、出来ねえ辛抱か聞いて見ろてんだ。この野郎」

私の肩をとんと突くのだ。

「おい一寸(ちょっと)待て」

私がそれを遮る(さえぎ)と、田右衛門は、

「いけねえ、何も旦那に罪はねえのだけど、話のつまりがそうなるんだよ。ねえ旦那。そこへあの男ッ振りの猪公だろ。女なんてもなァ、可愛がってさえ貰えたら、相手の身分なんて問題じゃないんだとよォ——、あの女はそう云ってたぜ」

田右衛門はそう云って、また「へへへえ」と笑った。

「そ、そうか」

私は、狐に化かされたみたいな気がした。

私はその足で野崎さんを訪ねた。

そして事情を適切に語った。

野崎一等さんは案外の粋人（すいじん）だった。

「さ様か。匹夫下郎の分際ながら、それほどまで妻を愛するとは、さては見あげた洋傘（かさ）直しだわい。これは他人（ひと）ごとではない、貴公はどうじゃ？」

などと飛んでもない云い草である。こんなことを云われる位なら、何も骨を折って山窩のこと、箕づくりのこと、そして新職業として生れた洋傘（こうもり）直しなどについて、縷々と説明をする必要はなかったと思った。

「いやいや、それは真実でござる。両親はどう云おうとも、拙者は拙者、お雪の行方は絶対詮索いたしませぬぞ。本人さえ喜んで生きてゆかれたら、それに越した良縁はないではござらぬか」

私は相手の諦めのいいのに拍子ぬけがした。

そこで野崎一等さんに頼まれて、麹町の水野家に同道して、両親に右の真相を説明した。

なれど両親となると、野崎さんの様な粋なことは云わない。

やれ門閥がどうの、家筋がどうのと、まるで私が誘拐したようなことを云う。

野崎一等さんも、あまり姉夫婦が憤慨したり愚痴ったりするので、しまいには怒り出した。

「さ様に云わッしゃるなら、御両人が勝手にお探し召されい。拙者は真ッ平でござる」

つと立ちあがった。すると、久左衛門も怒った。

「頼まぬわい頼まぬわい。他人の娘と思って、勝手なことを申されるな。もう金輪際お世話にはならぬから、とっとと出て行って貰いましょう。例え草の根を分けようとも、親の慈悲で、必ず探し出して見せ申すわい」

どうも、昔の旗本などと云うものは、気随気儘であり過ぎる。

私も、むッとしたので、

「それがよろしゅうございましょう」

と云い捨てて、一等さんと立ち帰った。

五年間に六人産む

ここで話は七年ほど飛ぶ。

確か明治十七年の十月の七日だったと思うが、私は、『監獄破り（よせば）の長吉』と云う『長年者（ながねんもの）』を追っかけて、甲州に入り込んでいた。

長年者と云うのは長期刑に服しているもののことであるが、この長吉は、本所で小間物屋の女房を殺して、網走監獄に入れられていたのだが、これが網走をぬけて、どうも甲府に立廻っているらしいと云うので、私はそれを捕えるため、甲府に乗り込んだ訳だった。

甲府について、いろいろと探って見ると、長吉は、甲府のどことも判らないが、ともかく、山の中に、昔の情婦と隠れているという聞込みを得た。

これは私が手先に連れて行った、山窩の一人が嗅ぎ出して来たことであるが、どうやら、それには『感』があるように思われた。

（まてよ）と、ひそかに考えて見ると、ますますそれは頷（うなず）ける。

と云うのは、この長吉は『熊の胃長吉』という別名のある男で、昔は『熊の胃売り』で、仙台の山奥に住んでいた人間である。

これは種族的に分類すると、『またぎ族』という一族だが、長吉はその生粋のものだった。

だから東京に熊の胃売りにやって来て、ぶらぶらしているうちに、本所で人妻殺しをやったのである。

そのことを知っている私は「山に隠れているらしい」

と聞いたのではたと手を打ったのだ。

（よしよしそれではもう少し探って見よう）

と思って、旅人宿に泊って、いろいろと手をつくしていた。

中でも、富山の薬屋や、土地の『つむぎ売り』や、『毒消売り』それから『熊の胃売り』には尚更のことぬからぬ注意をしていた。

十日ほど経った夜のことであったが、爐を取巻いた旅の商人たちと、渋茶を啜りながら、四方山の話をしていると、それが段々くだけた話に変って、各自が得意の内幕話を始めた。

大抵山奥に泊った話が多かった。偶然に泊った農家に、女がたった一人しかいなかったので、やがて亭主が戻って来るものとばかり思っていたら、夜が明けても女は一人で寝ていた――と、さも心残りのあるように話すのもいれば、中には、仏壇に新しい位牌があったので、訳を聞いたら主人が死んでまだ四十九日も済まないと云うので、急に偽病人になって、十日も滞在したなどという珍談も出た。

そこで、膝をすすめた一人の売薬は、

「私の話は、そんなに色ッぽくはないが、香貫山のお得意さんに泊った晩だけは寝られなかった」

と話し始めた。

「それはね、道に迷って、ひょっこりまぐれ当った夫婦きりの家ですけど――」

売薬さんは意味あり気に含み笑いをする。

「それがまたえらく親切にして下さるので、大変有難く思って、泊めてはいただいたのですけど、どうにも都合のわるいことには、お部屋がたった一つでしょう」

売薬さんは、ふふッと笑って、まだ剃っていないちょん髷の一つを撫でた。私は、

(まてよ、長吉の隠れ家じゃないかな?)と思った。

「部屋が一つッ切りッって、それは何をする家です?」

誰かが問い返すと、

「その家ですか、それはですね、面白いですよ。あの山の中で、洋傘の修繕をしてるんですぜ」

「洋傘の修繕を?」

そう云ったのは私であった。

「そうですよ。まあ洋傘屋さんであろうと、炭焼であろうとそれは構いませんが、その女房さんが、どうにも美しくていけません。亭主と云うのも、いい男で、それがその——へへえ」

売薬さんにつれて、一同のどっと笑いがおこった。

「皆さんは他人ごとだと思ってお笑いかも知らないが、まあものは試しだ。一度道に迷った風をして、一晩泊めてお貰いなっせえよ。ははははァ」

「そうですかねえ」

「なるほどねえ」

「いろんなことがありますねえ」

「お客さんの泊っているのにねえ」

そんな感動詞はいつまでもつづいた。

「その人の名は何と云うんですか？」

私は、みんなの静まるのを待ちかねて聞いた。

「主人の名ですか、水野猪吉――」

「えッ」

私のおどろき方があんまりひどかったので、売薬(くすりや)さんは、声をひっこませた。

「御存知寄りの方ですか？」

誰かがそう云った。

「その女房(かみ)さんは、お久さん、あるいは、お雪さん――」

私が膝を寄せたので、

「あなたは御存知ですね」

と、売薬(くすりや)さんはいよいよおどろいた。

「そうですか。広いようで狭いのが世間とはよく云いましたなァ。そうですか、御親類ですか？」

売薬(くすりや)さんは云うのだった。私は、かいつまんで訳を話した。すると売薬(くすりや)はますますおどろいた。

「ひえ――あれが旗本のお姫様とはおどろきましたなァ。道理でお上品だと思いました」

すると脇から熊の胃売りが、

「ほんとに舌がながいんですか。ええ売薬さん」

と念を押す。

「嘘ですよ。舌が延びたり首がぬけたりしてたまりますか。それは私も証明しますけど」

売薬はそう云って、

「でも夫婦仲は結構ですなァ、五年前から御厄介になってますが、今では六人もお嬢さんがありますんでなァ」

「な、何ですッて？」

また一同魂消声をあげた。

「だって、五年間に六人たァ――」

誰かが云うと、

「なァに、人間は十月で生れるんですからねえ――」

と、売薬さんは澄したものだった。

「それにしても物凄い勢いじゃありませんか」

私も思わずそう云った。しかも女ばかり六人と聞いては、あんまり朗(ほがら)か過ぎると思った。

売薬(くすりや)さんはこう云った。

「それは早速親御さんにお知らせして、東京に呼んであげて下さいよ。あの手際を見ていると東京でも立派な職人でさあ、堂々と店を持てますよ」

と。私は、それから、いろいろと聞いた。

彼の住んでるところは、沼津の奥の香貫山(かぬきやま)であることや、そこには手下の者たちが、不用になった古洋傘(ふるこうもり)を、十本二十本と運んで来ることや、そして、それを猪吉は、また立派なものに仕あげて、古道具屋に売らせていることなども聞いた。

踊る旗本

私は野崎一等さんに書信を認(したた)めた。

野崎一等さんは、姉夫婦を連れて、甲府にやって来た。

水野夫婦もやって来た。

「もうもう決して親の思いどおりにさせようなどとは申しません。仲よく暮して下さる方なら、例えどんな方でも、決しておろそかには申しません」

水野夫人は、白髪の顔に、ほっとした喜びを浮べて云うのだった。

「それに孫めが、六人も生れていると聞いては、文句もへちまもござらぬわい。ささ、ちっとも早う連れて下されい」

私は、監獄破り(よせば)の長吉の捜索もそっちのけになって了(しま)った。

富士越えの駿州街道。

甲府から、山駕籠に乗って、私と野崎さん、それに水野老人夫妻。加えて案内役が売薬(くすりや)さん。この売薬(くすりや)さんの名は河西平太郎さんと云ったが、先年死んで了った。

この五ツの駕籠が、えっちら、おっちら、須走(すばしり)をぬけて、香貫山(かぬきやま)についたのは、甲府を立った翌々日だった。

ゆけどもゆけども、山また山、曲りくねった道をようやく辿りついたのが、猪吉の瀬降だった。

最早秋だった。欅(けやき)や、はさこの一面に生え揃った斜面に、大きな松の木があって、その下に割に深い洞穴(ほらあな)があった。

その洞(ほら)に、袋を冠(かぶ)せたみたいに、葺(ふ)きかけた瀬降が、猪吉とお雪の瀬降だった。

「まあ、こんなところに――」

水野夫人お松さんは、怖いみたいな、嬉しいみたいな、交々(こもごも)の気持を顔に現して、段々入口に近づいた。

どこからともなく聞えて来たのは、

〽おお寒む小寒、
　山から小僧が

飛んで来た——

と云う、女の子たちの歌声だった。

「あれあれ、あれが孫たちでしょうか？」

お松は、西陽(にしび)がさんさんと、網目模様に照している木立の隙間に、つんつるてんの着物を着て、紅葉した木の葉をゆすぶりおとしている四五人の女の子を見つけたのだった。

「あれだあれだ。待てよ待てよこっちも唄おうじゃないか」

水野久左衛門は、扇子を腰からぬいて、

〽ああれんさァ
　こうれんさァ、
　お江戸の爺さん
　やって来たァ
　やって来たァ

足を浮からかして、扇子をひらいて、踊り狂うのが、一行にはたまらない気がしたので、一同は、どッと笑い転げた。

その声に驚いて飛んで出たのが、猪吉と、お雪だった。

「おんやァ？」猪吉は、目をぱちくりさせて、また、

「おんやァ」と云った。お雪も呆気にとられて、凝乎(じっ)と立ちどまっていた。

「あなた、お雪はお腹(なか)が大きいようでございますよ」お松夫人は、さすがに目早く見て

とって、久左衛門にささやいた。

「産むがよい産むがよい。さぞ産みたかったのであろうわい。〽ああれんさ、こうれんさ、江戸から老爺（おやじ）がやって来た——」

皆も久左衛門に釣り込まれて、

〽ああれんさ、こうれんさ——

と踊り出して了（しま）った。猪吉も、いつの間（ま）にか、ついつり込まれて、変な手つきで踊っていた。

私が、ちらりと見ると、その間にお松とお雪は、すっかり抱き合って、ただ無言で泣いていた。

元祖洋傘（こうもり）直し

ところがその晩になって問題がおこった。

猪吉の命令一下に集まって来た山窩たちは、鳥を熱灰（あつばい）でむし焼にしたり、竹筒で酒の燗をしたりして、両親をもてなしたまではよかったが、「さて東京に出たらどうだ？」という段取（だんどり）になると、子分たちが怒り出した。

その怒り方は、あまりひどいので、一時はどうなるかと、私は悲壮な覚悟までした。

と猪吉が儼然と立ちあがった。

「すっ込め芋虫ども。俺は、お雪と別れるこたァ出来ねえんだ。俺さァ東京さァ出て、素人になるだけ」

鶴の一声だった。

「素人になりてえ奴ァ、みんなついて来う、素人になっても困らねえように、ちゃんと洋傘直しを仕込んであっじゃねえか」

「へえい」

「へえい」

——。

その翌日、猪吉は山をくだったのであった。

東京に猪吉がついてからの私は、云うに云われぬいそがしさであった。

急に猪吉以下四十七人の戸籍をつくってやったり、一々姓名をつけてやったり。猪吉には猪吉で店を持たせてやったり。

こうして、水野猪吉は、完全に一家を創立して、神田に洋傘屋の店をもったのである。

今もつづいている。

今こそ刑務所の中で洋傘の修繕をおしえるので、ながしの洋傘直しが殖えたが、洋傘直しの元祖は猪吉で、猪吉は明治四十年頃まで一党を統いていたのである。

◉増補・山窩資料——

山窩ことば集

あかいぬ（火事）
あかうま（火事）
あかちかみ（蝮〔まむし〕）
あかねぶり（野火・山火事）
あかりいれ（訊問）
あの（太陽・天）
あまつり（天吊り・自在鉤・テンジン）
あまり（男）
あやたち（山窩社会の最高権力者）
あやめる（殺す）
あわず（女）

…………………………………………

いきいき（愉快・痛快）
いた（酒）
いちびく（総領）
いっぽんまつ（一本松＝駐在所）
いぶり（微風）
うがら（家族・同胞〔はらから〕・親族）
うきあぶら（婚儀）
うじや（料理屋・茶屋）
うたうたい（おっちょこちょい）

うめがい（山窩独特の両刃の短刀）
えたちもり（労務者の監督官）
えらぎ（遊芸・遊芸人・余興）
おいっこ（千円）
おいち（婿）
おいも（男）
おおのり（大疾駆・大逃亡）
おかるさん（剽軽）
おぎんさま（白米・銀シャリ）
おしゃか（裸体）
おたんちん（チップ・心付け）
おち（判決）
おでえ（お前）
おどり（間違い）
おどる（狼狽する・失敗する）
おばさん（犬）

おまる（お尻）
おめん（顔）
おめんならべ（人別調べ）
おもや（警察）
おやどり（夜明け）
おらべ（呼べ）
おろくじ（死骸・死ぬこと。「南無阿弥陀仏」の六文字から）
かか（母）
かけ（嫌疑）
かけまく（大疾駆・火急）
かぐら（強盗）
かしま（邪恋）
かぜっぴき（卑怯者）
がっくりする（合点する）
がんきねえ（不承知・残念）

きかせ（訓示）
きくらげ（耳）
きたかぜ（刑事）
きゃはん（女房）
きゃはんをまく（女房を娶(めと)る）
ぐちうまる（しゃべる）
くびだし（自首）
こてかみ（制裁）
ことすじ（理由・訳・意味）
さいぎょう（密報・諜報・連絡）
さかり（現行犯）
さんま（巡査）
しおつぶ（星）
しおびき（たそがれ）

したくれ（叱る）
すぐりもの（代表者）
すずめ（偵察・斥候）
せぶらせる（眠らせる・殺す）
せぶり（瀬降(せぶり)――山窩の住居(すまい)）
せぶる（小屋掛けする・小屋へ入る・眠る）
たから（百姓）
たじかみ（蝮酒・タジヒ醸し）
たこ（縄）
たれこみ（密告）
たんか（文句をいう・挨拶する・訴願する）
ちはらい（その土地を立ち退くこと）

ちゃずき（結婚・男女関係を結ぶ）

ちゃりふり（遊芸人）

つながり（手下・身内）

つなぎ（手下・身内・挨拶）

つる（娘）

つるみ（夫婦）

てんじんぼう（梅干）

てんと（真夜中）

とっぽい（賢い・すばやい）

どてら（放免）

とと（ちち）

とばっちり（博徒）

どめごと（葬式）

どめる（埋める）

とんがり（峠・峰・頭）

ながれ（手下・輩下・仲間）

なでこて（坊主・禿げ頭）

なま（げんなま・現金のこと）

にく（美人・女）

にくい（可愛い・美しい）

のび（泥棒）

ばごし（場越し・移動）

はたむら（掟・約束）

ばたり（剽盗・物を奪い取ること）

はらこ（生っ粋）

びく（子供・赤ン坊）

ひさまつ（手引・案内する）

ひで（男・亭主）

ひでんぼう（亭主）
ふきまくり（検挙）
ふくろあらい（酒宴・酒盛り・宴会）
ふける（逃げる）
ふんばり（辻淫売）
ほき（がけ）
ほけなす（嘘・誤魔化《ごまか》す）
ぼっけぼうず（握り飯）
ぼんくれ（馬鹿・馬鹿野郎・ぼんくら）
まくる（切る）
まつば（二人組の悪事の見張り）
みあまり（光栄）
むかで（汽車）

……………………………………

むす（秘密・内証ごと）
むどうぎい（可哀そう・気の毒）
めんかち（交際《つきあい》）
やぞう（親分）
やなぎむし（機嫌がいい・安心・幸福）
やばい（危ない・怖い）
やまみ（偵察・さぐる）
ゆきっぷり（行動）
よせ（嫌疑）
よせば（監獄・留置場）
わきあがり（おっちょこちょい）
わたしば（警察）
わっぱ（下劣）

●解説

虚実の民衆精神史

今井照容（いまい　てるまさ）

三角寛は『朝日新聞』の記者をつとめながら、文藝春秋が創刊した婦人誌『婦人サロン』にいくつものペンネームを駆使して「実話」を発表しはじめる。三角寛もそうしたペンネームのひとつであった。三角を雑誌の世界に引っ張り込んだのは永井龍男である。『婦人サロン』の編集者であった永井龍男が着目したのは、三角の「足」と「耳」で書く新聞記者としての才能であったに違いない。三角はその才能を『婦人サロン』を経て『オール讀物（號）』で開花させる。「昭和毒婦伝」シリーズがそうだ。そのなかの一篇において三角は「サンカ」を題材にした「山窩お良の巻」を、『オール讀物號』の昭和六年（一九三一）四月号、五月号に発表する。やがて三角の「サンカ小説」は『オール讀物（號）』に欠かせない大看板へと成長する。

三角寛の「サンカ」を題材とした読み物を「サンカ小説」と呼ぶようになるのは、あくまでも事後的なことである。戦後的な呼称と言って良いかもしれない。当時の読者はそれを「実話」として受容する。本来、「実話」とは「実際にあった話をもとに書かれた読み物」であり、確かに三角寛の後に「サンカ小説」と呼ばれるようになる一群の作品もまた「実際にあった話をもとに書かれた読み物」として書きはじめられたことだろう。ただし厳密にいえば「実際にあった話を三角寛の想像力によって脚色した読み物」であった。三角の「実話」は「サンカ」に出会う以前も「虚」に彩られていた。『朝日新聞』で三角寛は荒垣秀雄（戦後、「天声人語」の書き手として一世を風靡する）とのコンビでスクープ記者として頭角を現すが、三角が「実話」の方法論を身につけたのは『朝日新聞』においてであった。当時の新聞ジャーナリズムは記者の想像力による脚色を相当程度許容していたのである。例えば荒垣の満州事変に際して書かれた従軍記事など、その典型であろう。

三角は活躍の舞台を新聞のみならず、雑誌にも広げたことにより、実際にあった話を想像力によって脚色する創造力の才能を全面的に開花させていった。「サンカ」という題材を得て、想像力を駆使して事実を脚色する度合いは次第に強まっていったということである。即ち荒唐無稽さが増し、伝奇性が前面に押し出された。このようにして「サンカ小説」は成立していったのである。とはいえ、三角がどんなに荒唐無稽な物語を紡ぎ出そうとも、そこに「実」が埋め込まれている可能性は否定できないのである。

私たちを混乱させるのは、三角寛が戦後に発表した『サンカの社会』（一九六五　朝日新聞社）のような「サンカ研究」である。帯には「サンカ研究の集大成」とあるが、

「研究」として鵜呑みにできないのである。三角は「研究」においても、『オール讀物

（號）』や講談社の大衆雑誌に発表しつづけてきた「サンカ小説」（「サンカ」を題材にした「実話」）の蓄積を前提にして書いているとしか私には思えない。そういう意味で

「研究」としては失格の烙印を免れまいとは思うのだが、そこに書かれていることの総てが「虚」なのかといえば、それも違う。

三角寛は『サンカの社会』を母念寺出版の全集に収録するに際して『サンカ社会の研究』とタイトルを変更している。私が編集に関与した『三角寛サンカ選集』（現代書館）は母念寺出版の全集を底本としているが、その解説を担当した沖浦和光は、そこから「実」の部分を探り当てている。この経験を踏まえて刊行した『幻の漂泊民・サンカ』や筒井功の『漂泊の民サンカを追って』は現在までのところ、そうした腑分け作業の到達点をなす労作であると言って良いだろう。

『山窩奇談』は昭和四一年（一九六六）に東都書房から刊行されている。昭和六年（一九三一）から昭和一五年（一九四〇）の間に集中して書かれた「サンカ小説」を経て「サンカ研究」を自称する『サンカの社会』を上梓した直後に発表されたことになる。といって、三角が新たに書き下ろしたわけではない。戦前に発表した「サンカ小説」に加筆、修正を施すなどして、「実」を強調する形で再編集された一冊である。だから『山窩奇談』を三角寛による「サンカ民俗学」の功績であるかのように手放しに評価してはなるまい。しかし、同時に「虚」を「実」であるかのように騙っていたからといっ

て、三角寛に「インチキ」の烙印を押して済ますわけにもいくまい。そこから「実」を発掘できる余地はまだまだあるはずだ。三角寛の「サンカ小説」が孕む「実」とは民衆史を構成するに当たって欠かせない「忘れられた日本人」の「原像」でもある。

そればかりではない、「サンカ小説」の「虚」の魅力について、もっと論じられて良いはずである。「虚」の魅力を掘り下げるのであれば、民衆の精神史と逢着するはずである。ところが、文学史は三角寛の「サンカ小説」をいとも簡単に切り捨ててしまっている。そのような文学史は権力史を補完するだけであって民衆史と交錯するとは私には到底思えない。文学史は三角を排除して以降も、そのような過ちを相変わらず繰り返しつづけている。

近松門左衛門は「虚実皮膜」といって「芸」は「実」と「虚」の境界の微妙なところにあると喝破したが、三角寛の「虚実皮膜」を決して甘く見てはなるまい。その「虚実皮膜」こそ、『山窩奇談』にしてもそうだが、三角寛の「サンカ小説」の最大の魅力にほかならないのである。

（大衆文学研究）

＊本書は河出文庫二〇一四年二月刊（単行本は東都書房、一九六六年十二月刊）に、「山窩の話」（『山窩の話』蒼生社、一九四二年十月刊所収）、「元祖洋傘直し」（『梅林の山窩』小峰書店、一九四一年二月刊所収／初出『オール讀物』一九三七年四月号）、「山窩ことば集」（『山窩血笑記』東都書房、一九五六年十一月刊に追項）を増補したもので、解説は初出文庫時掲載です。
また、著者物故であること、執筆時の時代状況を鑑み、表記はそのままとしました。

山窩奇談〈増補版〉

二〇一四年　二月二〇日　初版発行
二〇二三年一二月一〇日　増補版初版印刷
二〇二三年一二月二〇日　増補版初版発行

著　者　三角寛

発行者　小野寺優
発行所　株式会社河出書房新社
〒一五一―〇〇五一
東京都渋谷区千駄ヶ谷二―三二―二
電話〇三―三四〇四―八六一一（編集）
〇三―三四〇四―一二〇一（営業）
https://www.kawade.co.jp/

ロゴ・表紙デザイン　粟津潔
本文フォーマット　佐々木暁
本文組版　株式会社キャップス
印刷・製本　中央精版印刷株式会社

Printed in Japan　ISBN978-4-309-42072-1

山窩は生きている

三角寛　41306-8

独自な取材と警察を通じてサンカとの圧倒的な交渉をもっていた三角寛の、実体験と伝聞から構成された読み物。在りし日の彼ら彼女らの生態が名文でまざまざと甦る。失われた日本を求めて。

サンカの民を追って

岡本綺堂 他　41356-3

近代日本文学がテーマとした幻の漂泊民サンカをテーマとする小説のアンソロジー。田山花袋「帰国」、小栗風葉「世間師」、岡本綺堂「山の秘密」など珍しい珠玉の傑作十篇。

禁忌習俗事典

柳田国男　41804-9

「忌む」とはどういう感情か。ここに死穢と差別の根原がある。日本各地からタブーに関する不気味な言葉、恐ろしい言葉、不思議な言葉、奇妙な言葉を集め、解説した読める民俗事典。全集未収録。

葬送習俗事典

柳田国男　41823-0

『禁忌習俗事典』の姉妹篇となる１冊。埋葬地から帰るときはあとを振り返ってはいけない、死家と飲食の火を共有してはいけないなど、全国各地に伝わる風習を克明に網羅。全集未収録。葬儀関係者に必携。

口語訳 遠野物語

柳田国男　佐藤誠輔〔訳〕　小田富英〔注釈〕　41305-1

発刊100年を経過し、いまなお語り継がれ読み続けられている不朽の名作『遠野物語』。柳田国男が言い伝えを採集し簡潔な文語でまとめた原文を、わかりやすく味わい深い現代口語文に。

山に生きる人びと

宮本常一　41115-6

サンカやマタギや木地師など、かつて山に暮らした漂泊民の実態を探訪・調査した、宮本常一の代表作初文庫化。もう一つの「忘れられた日本人」とも。没後三十年記念。

海に生きる人びと

宮本常一　41383-9

宮本常一の傑作『山に生きる人びと』と対をなす、日本人の祖先・海人たちの移動と定着の歴史と民俗。海の民の漁撈、航海、村作り、信仰の記録。

辺境を歩いた人々

宮本常一　41619-9

江戸後期から戦前まで、辺境を民俗調査した、民俗学の先駆者とも言える四人の先達の仕事と生涯。千島、蝦夷地から沖縄、先島諸島まで。近藤富蔵、菅江真澄、松浦武四郎、笹森儀助。

民俗のふるさと

宮本常一　41138-5

日本人の魂を形成した、村と町。それらの関係、成り立ちと変貌を、ていねいなフィールド調査から克明に描く。失われた故郷を求めて結実する、宮本民俗学の最高傑作。

生きていく民俗　生業の推移

宮本常一　41163-7

人間と職業との関わりは、現代に到るまでどういうふうに移り変わってきたか。人が働き、暮らし、生きていく姿を徹底したフィールド調査の中で追った、民俗学決定版。

日本人のくらしと文化

宮本常一　41240-5

旅する民俗学者が語り遺した初めての講演集。失われた日本人の懐かしい生活と知恵を求めて。「生活の伝統」「民族と宗教」「離島の生活と文化」ほか計六篇。

異形にされた人たち

塩見鮮一郎　40943-6

差別・被差別問題に関心を持つとき、避けて通れない考察をここにそろえる。サンカ、弾左衛門から、別所、俘囚、東光寺まで。近代の目はかつて差別された人々を「異形の人」として、「再発見」する。

旅芸人のいた風景

沖浦和光　41472-0

かつて日本には多くの旅芸人たちがいた。定住できない非農耕民は箕作り、竹細工などの仕事の合間、正月などに予祝芸を披露し、全国を渡り歩いた。その実際をつぶさに描く。

被差別部落とは何か

喜田貞吉　41685-4

民俗学・被差別部落研究の泰斗がまとめた『民族と歴史』２巻１号の「特殊部落研究号」の、新字新仮名による完全復刻の文庫化。部落史研究に欠かせない記念碑的著作。

部落史入門

塩見鮮一郎　41430-0

被差別部落の誕生から歴史を解説した的確な入門書は以外に少ない。過去の歴史的な先駆文献も検証しながら、もっとも適任の著者がわかりやすくまとめる名著。

差別の近現代史

塩見鮮一郎　41761-5

人が人を差別するのはなぜか。どうしてこの現代にもなくならないのか。近代以降、欧米列強の支配を強く受けた、幕末以降の日本を中心に、50余のＱ＆Ａ方式でわかりやすく考えなおす。

性・差別・民俗

赤松啓介　41527-7

夜這いなどの村落社会の性民俗、祭りなどの実際から部落差別の実際を描く。柳田民俗学が避けた非常民の民俗学の実践の金字塔。

幻の韓国被差別民

上原善広　41662-5

朝鮮半島に古来存在した、牛を解体し、箕作りに携わった被差別民「白丁」。彼らは現在どうしているのか。現地に滞在し、その跡を追い、差別の根源を考える。著者の処女作の待望の文庫化。

天皇と賤民の国
沖浦和光 41667-0

日本列島にやってきた先住民族と、彼らを制圧したヤマト王朝の形成史の二つを軸に、日本単一民族論を批判しつつ、天皇制、賤民史、部落問題を考察。増補新版。

貧民の帝都
塩見鮮一郎 41818-6

明治維新の変革の中も、市中に溢れる貧民を前に、政府はなす術もなかった。首都東京は一大暗黒スラム街でもあった。そこに、渋沢栄一が中心になり、東京養育院が創設される。貧民たちと養育院のその後は…

日本の聖と賤 中世篇
野間宏／沖浦和光 41420-1

古代から中世に到る賤民の歴史を跡づけ、日本文化の地下伏流をなす被差別民の実像と文化の意味を、聖なるイメージ、天皇制との関わりの中で語りあう、両先達ならではの書。

日本人の死生観
吉野裕子 41358-7

古代日本人は木や山を蛇に見立てて神とした。生誕は蛇から人への変身であり、死は人から蛇への変身であった……神道の底流をなす蛇信仰の核心に迫り、日本の神イメージを一変させる吉野民俗学の代表作！

日本の偽書
藤原明 41684-7

超国家主義と関わる『上記』『竹内文献』、東北幻想が生んだ『東日流外三郡誌』『秀真伝』。いまだ古代史への妄想をかき立てて止まない偽書の、荒唐無稽に留まらない魅力と謎に迫る。

四天王寺の鷹
谷川健一 41859-9

四天王寺は聖徳太子を祀って建立されたが、なぜか政敵の物部守屋も祀っている。守屋が化身した鷹を追って、秦氏、金属民、良弁と大仏、放浪芸能民と猿楽の謎を解く、谷川民俗学の到達点。

三種の神器
戸矢学 41499-7

天皇とは何か、神器はなぜ天皇に祟ったのか。天皇を天皇たらしめる祭祀の基本・三種の神器の歴史と実際を掘り下げ、日本の国と民族の根源を解き明かす。

ツクヨミ　秘された神
戸矢学 41317-4

アマテラス、スサノヲと並ぶ三貴神のひとり月読尊。だが記紀の記述は極端に少ない。その理由は何か。古代史上の謎の神の秘密に、三種の神器、天武、桓武、陰陽道の観点から初めて迫る。

知っておきたい日本の神様
武光誠 41775-2

全国で約12万社ある神社とその神様。「天照大神や大国主命が各地でまつられるわけは？」などの素朴な疑問から、それぞれの成り立ち、系譜、ご利益、そして「神道とは何か」がよくわかる書。

隠された神々
吉野裕子 41330-3

古代、太陽の運行に基き神を東西軸においた日本の信仰。だが白鳳期、星の信仰である中国の陰陽五行の影響により、日本の神々は突如、南北軸へ移行する……吉野民俗学の最良の入門書。

応神天皇の正体
関裕二 41507-9

古代史の謎を解き明かすには、応神天皇の秘密を解かねばならない。日本各地で八幡神として祀られる応神が、どういう存在であったかを解き明かす、渾身の本格論考。

神に追われて　沖縄の憑依民俗学
谷川健一 41866-7

沖縄で神に取り憑かれた人をカンカカリアという。それはどこまでも神が追いかけてきて解放されない厳しい神懸かりだ。沖縄民俗学の権威が実地に取材した異色の新潮社ノンフィクション、初めての文庫化。

日本書紀が抹殺した　古代史謎の真相

関裕二　41771-4

日本書紀は矛盾だらけといわれている。それは、ヤマト建国の真相を隠すために歴史を改竄したからだ。書記の不可解なポイントを30挙げ、その謎を解くことでヤマト建国の歴史と天皇の正体を解き明かす。

日本迷信集

今野圓輔　41850-6

精霊送りに胡瓜が使われる理由、火の玉の正体、死を告げるカラスの謎……“黒い習俗”といわれる日本人のタブーに対して、民俗学者の視点からメスを入れた、日本の迷信集記録。

知れば恐ろしい 日本人の風習

千葉公慈　41453-9

日本人は何を恐れ、その恐怖といかに付き合ってきたのか?!　しきたりや年中行事、わらべ唄や昔話……風習に秘められたミステリーを解き明かしながら、日本人のメンタリティーを読み解く書。

お稲荷さんと霊能者

内藤憲吾　41840-7

最後の本物の巫女でありイタコの一人だった「オダイ」を15年にわたり観察し、交流した貴重な記録。神と話し予言をするなど、次々と驚くべき現象が起こる、稲荷信仰の驚愕の報告。

陰陽師とはなにか

沖浦和光　41512-3

陰陽師は平安貴族の安倍晴明のような存在ばかりではなかった。各地に、差別され、占いや呪術、放浪芸に従事した賤民がいた。彼らの実態を明らかにする。

吉原という異界

塩見鮮一郎　41410-2

不夜城「吉原」遊廓の成立・変遷・実態をつぶさに研究した、画期的な書。非人頭の屋敷の横、江戸の片隅に囲われたアジールの歴史と民俗。徳川幕府の裏面史。著者の代表傑作。

kawade bunko